Chávez

y la Revolución Bolivariana

Conversaciones con Luis Bilbao

Capital Intelectual S.A.
Edita el periódico mensual *Le Monde diplomatique*, edición Cono Sur

Suscripciones:
Francisco Acuña de Figueroa 459 (1180)
Buenos Aires, Argentina
E-mail: secretaria@eldiplo.org
Telefax: (5411)4861-1687
Teléfono: (5411) 4864-3692

Diseño: Silvia López
Fotos: Presidencia de La Nación

ISBN:987-98731-3-0
Hecho el depósito de ley

Introducción

Estas páginas registran una conversación con el presidente Hugo Chávez, prolongada desde la media tarde hasta avanzada la noche del 28 de diciembre de 2001. Tuvo lugar en un austero jardín-terraza del Palacio de Miraflores. No hubo testigos ni interrupciones, excepto dos llamadas telefónicas y una breve pausa para mirar dos álbumes que la fotógrafa oficial, al terminar su tarea, le entregó al presidente en nombre de sus compañeros, como obsequio de fin de año.

El encuentro había sido acordado dos semanas antes, el viernes 14, al término de la cumbre de presidentes del Caribe en la Isla Margarita, y es el tercero que este corresponsal mantuvo con Chávez para las páginas de *Le Monde diplomatique*, edición Cono Sur (1).

Fechas y circunstancias importan más allá de la anécdota. En la primera oportunidad la entrevista se llevó a cabo a la medianoche de un domingo, en el despacho presidencial, mientras Venezuela bullía al ritmo vertiginoso de la fundación de una nueva república mediante una Asamblea Constituyente; el gobierno llevaba apenas nueve meses de instalado. Por entonces en Argentina se aproximaban las elecciones que darían el triunfo a Fernando De la Rúa. La segunda ocurrió tres días después de la huelga general con la que el empresariado -acompañado por la cúpula de la Central de Trabajadores de Venezuela- detonó el 10 de diciembre de 2001 una ofensiva destinada explícitamente a derrocar al presidente. En esa ocasión, durante el trayecto entre la sede de la cumbre y el aeropuerto de Margarita, Chávez describió el cuadro de situación y su línea de acción: el paquete de 49 leyes contra el cual se sublevaba el *establishment* -sobre todo la reforma agraria y la defensa de los yacimientos de hidrocarburos- no sería negociado; aquellos miembros de su gobierno y su partido que no estuvieran de acuerdo con tal rumbo, deberían apartarse. La imponente escolta que custodiaba al auto presidencial indicaba

1 "La revolución pacífica"; noviembre de 1999; "Revolución y contrarrevolución en Venezuela", enero de 2002.

hasta qué punto se tomaban en serio las amenazas de magnicidio, multiplicadas en los días previos. A esas horas en Argentina se recalentaba la crisis que haría renunciar a De la Rúa una semana después. Tanto por el agravamiento severo -y sin retorno- de la confrontación interna en Venezuela, como por la significación hemisférica del estallido del mejor discípulo de la escuela "neoliberal", era apropiado exponer con la extensión necesaria las concepciones y posiciones del presidente Hugo Chávez.

Eso es lo que se propone este libro.

***

Corrientes subterráneas largamente contenidas o desviadas reaparecen con singular vigor en América Latina. Rasgos idénticos se reiteran en países diferentes en todo y por todo. Uno de ellos es el debilitamiento extremo de los partidos tradicionales. Otro, la imposibilidad de superar el atraso económico y la profundización de la dependencia en todos los órdenes. No hace falta aludir al abismo social al que cada día son arrojados millones de personas. La expresión política de esa realidad común adopta formas singulares. Y tampoco hay sincronía en su desarrollo. Sin embargo, cuando pocos días antes de las elecciones del 6 de diciembre de 1998 Acción Democrática (AD) y Copei retiraron sus candidatos para apoyar a un tercero con el objetivo de derrotar a Chávez, actuaban obligados por la misma fuerza que nueve años antes, en noviembre de 1989, hiciera que tras un cuarto de siglo de dictadura militar los dos contendientes de la segunda vuelta electoral fueran partidos y candidatos hasta entonces inexistentes en el panorama político brasileño: Fernando Collor de Mello y Luiz Inacio da Silva (Lula), mientras Ulyses Guimaraes del Partido del Movimiento Democrático Brasileño (PMDB) y Aureliano Chaves del Partido del Frente Liberal (PFL), las dos fuerzas tradicionales que con y sin dictadura habían sostenido el poder, obtuvieran respectivamente el 4 y el 0,7% de los votos. Es la misma fuerza que llevó al gobierno a Alberto Fujimori en Perú y en México fracturó primero y derrotó luego al Partido Revolucionario Institucional.

El ascenso de Chávez puede ser observado a la inversa, como la caída a plomo del antiguo *establishment*. AD es la expresión venezolana de la socialdemocracia y Copei del socialcristianismo, dos corrientes históricas y poderosísimas a escala internacional. Casi medio siglo antes habían firmado el Pacto de Punto Fijo, por el cual se proyectaba en Venezuela un largo período de vigencia del régimen liberal-democrático durante el cual se turnaron en el ejercicio del gobierno. Y de pronto desaparecieron. Ahora el antiguo régimen se expresa a través de cámaras empresariales y desde hace tres años busca sin éxito recomponer una fuerza política y posicionar candidatos con posibilidades de conquistar respaldo de las mayorías.

No se detuvo en Caracas la gravitación de esa fuerza. La conversación con el presidente Chávez comenzó obligadamente con Argentina como tema durante un largo tramo, omitido aquí. De la Rúa había renunciado; ejercía la primera magistratura un peronista designado por la Asamblea Legislativa y habría elecciones a comienzos de marzo. Pero aquel gobierno se desmoronaba. Y el país presentado durante una década como modelo para América Latina -contrafigura del proyecto impulsado por Chávez- entraba en tirabuzón. Horas después habría otro presidente y se olvidarían las programadas elecciones, ante la perplejidad de la población: ¿cómo pudo deshacerse la Alianza entre la Unión Cívica Radical y el Frepaso? ¿Cómo pudieron las pregonadas maravillas de la estabilidad durante una década transformarse en este espectáculo que el ciudadano mira atónito y atemorizado? Cinco presidentes en doce días, bancos que expropian a sus clientes, autoridades que explican la necesidad de desconocer el derecho a la propiedad privada, presidentes y ministros empeñados en explicar que el país está quebrado y anuncian una mayor caída económica luego de cuatro años de recesión y depresión...

Chávez se recorta bajo una nueva luz en este panorama de sombras ominosas proyectadas desde Argentina hacia todo el hemisferio. Pero ¿quién es él? ¿Comunista o fascista? ¿Demócrata o autoritario? ¿Qué es eso de bolivarianismo y unidad latinoamericana: ideología o demagogia?

Las razones que generan estas dudas -sobre todo en la

intelectualidad y el grueso de las dirigencias políticas- están emparentadas con las causas que cimentaron certezas tales como nuevo orden mundial, libertad de comercio y profundización de la democracia, estabilidad y crecimiento, enajenación de las empresas públicas y convertibilidad monetaria...

La prensa, hay que admitirlo, no contribuyó a esclarecer esto ni aquello. Entre los muchos signos de alienación -toma de distancia frente a la más que ostensible realidad económica, política y social- que durante la última década signaron opiniones y conductas de partidos, periodistas e intelectuales, puede contarse la ligereza -y en no pocos casos la franca vesanía- con que ha sido tratado el fenómeno político en curso en Venezuela. Eso ha impedido incluso prever primero y entender luego el drástico giro geopolítico que en los dos últimos años transformó el panorama hemisférico y puso a Estados Unidos en situación de agresiva defensiva, expresada en los intentos de acelerar la creación de un mercado común continental bajo su férula, un ejército único bajo su mando y una economía cercada por su moneda. Venezuela -el gobierno de Chávez- al lado de Brasil jugó un papel crucial en este fenómeno que hoy gravita de uno u otro modo sobre la vida y el futuro de más de 400 millones de latinoamericanos y caribeños.

No obstante haber ganado por amplísimos márgenes seis elecciones democráticas en menos de dos años, Chávez es presentado habitualmente como "el ex golpista", en alusión a una rebelión militar de 1992, que lejos de ocultar como una mácula, él reivindica y presenta como clave del vuelco masivo de la ciudadanía en su favor. El ciudadano -y sobre todo la juventud- de América Latina tiene derecho a formarse su propia opinión, basada en hechos constatables, respecto de una propuesta política que tiene el respaldo masivo de las grandes mayorías en Venezuela. Es sospechoso que las mismas voces que durante décadas apoyaron explícitamente o respaldaron en silencio regímenes militares sanguinarios, se escandalicen ahora por la condición de "ex militar golpista" que le atribuyen a Chávez. Sin embargo es un hecho que las fuerzas armadas venezolanas son un factor de gravitación acaso decisiva en el gobierno de aquel país. ¿Qué papel jugarán allí?

Los pueblos latinoamericanos tienen una dura experiencia de engaños, desvíos y fracasos. La menor ligereza o condescendencia en la interpretación de un fenómeno como éste, no importa desde qué punto del arco ideológico se actúe, puede contribuir a un desenlace trágico. Pero no se puede interpretar lo que no se conoce. Poner a disposición de lectores y lectoras las opiniones de un jefe de Estado habitualmente descalificado y tergiversado por la prensa es una necesidad imperativa en el mundo de hoy.

Ya de vuelta del pensamiento medieval, todopoderoso durante la década de 1990, con el nuevo siglo aparece la realidad que yacía bajo la propaganda. El tercer milenio se inició con los tres centros de la economía mundial amenazados por una recesión simultánea y de oscuros pronósticos. Luego de los atentados terroristas que el 11 de septiembre destruyeron el Centro Mundial de Comercio y uno de los cinco lados del Pentágono; luego de la irracional réplica guerrerista a la irracionalidad gestada por el avance de la miseria, el hambre y el subdesarrollo en todos los planos y terrenos, las nociones dominantes en la década del "neoliberalismo" reclaman estudio, análisis y debate. Tras ese empeño, Latinoamérica no podrá eludir la realidad de Venezuela.

***

En las primeras líneas de esta introducción se alude a una interrupción de la conversación. Imposible reseñar la cantidad de comentarios que se multiplicaron al paso de las fotos de los dos álbumes. Sobre todo una, de una hija del presidente, que dio lugar a un largo paréntesis: la primera vez que aquella joven -entonces niña- visitó a su padre en la cárcel tras la rebelión fallida del 4 de febrero de 1992. Hugo Chávez no tenía por qué saber qué cuerdas tocaba en su interlocutor. Como quiera que sea, tras la pausa continuó la entrevista. Quien lea con atención verá que una pregunta doble tiene una sola respuesta. Es que la pausa hizo perder el hilo de la conversación. La pregunta no respondida era, nada menos, relativa al basamento teórico, la ideología si se quiere, de la revolución bolivariana. El autor ha escuchado ya esa respuesta y la ha leído en más de una publicación. Pero lo cierto es que el vacío quedó en el texto. Ambos interlocutores (las fotografías -el tiempo congelado- no pasan en vano) perdieron el hilo de la conversación. Hay un solo responsable: quien debía retener aquello por lo que había preguntado. Queda la deuda. Contra la tentación de reproducir citas al respecto o recurrir a la memoria, valga resumir que Chávez alude sistemáticamente a "el árbol de las tres raíces: Simón Bolívar; Simón Rodríguez; Ezequiel Zamora". Y sin pausa advierte que en materia ideológica está planteado hoy un salto adelante, no hacia atrás. No hay presidente o candidato venezolano del siglo XX que no haya reivindicado a Bolívar (quien murió solo, vencido, en la convicción de haber "arado en el mar" con su proyecto de unidad latinoamericana). Chávez se distingue en ese sentido porque levanta además el nombre olvidado de Rodríguez y la bandera de Ezequiel Zamora, con insignias que retumban aún hoy: "Tierras y hombres libres; Elección popular; Horror a la oligarquía"...

El pasado 10 de diciembre Chávez proclamó la ley de tierras en Santa Inés, localidad de los llanos de Barinas. En 1859, en esa misma fecha, comandando una insurrección de campesinos Zamora derrotó en ese preciso lugar al ejército de la oligarquía caraqueña. Bastaba ese dato para entender su respuesta al paro de Fedecamaras ese mismo día. Hombre de singular genio militar, Zamora avanzó en una operación brillante hacia la capital. La fortuna no suele acompañar a los iluminados. Tras tomar la ciudad de San Carlos, punto clave en su tramo final hacia la victoria, Zamora fue en el mediodía del 10 de enero de 1860 a controlar personalmente una línea de trincheras, cuando la bala artera de un tirador agazapado le voló la cabeza.

Puesto que los símbolos cuentan, al redactar estas líneas en la misma fecha, 142 años más tarde, el autor recurrió a Internet para constatar que Chávez continuaba en su cargo.

***

Algunos hechos posteriores al 28 de diciembre merecen ser destacados aquí: reforma impositiva que aumenta la presión sobre ganancias, ante todo se propone combatir la evasión, y a la vez disminuye los impuestos al consumo; conformación de un Comando Político de la Revolución, instancia máxima de dirección que incluye a todos los partidos y organizaciones comprometidos con el programa de gobierno; énfasis en la denuncia de la corrupción en todas las instancias de gobierno y en el llamado a los Círculos Bolivarianos a sanear las propias filas del oficialismo. Y al tomar juramento a los ministros de Educación superior y Educación, cultura y deporte, Chávez anunció con toda seriedad que abandonaba el Palacio de Miraflores. Tras una pausa, el "ex militar golpista" completó la idea: Miraflores será transformado en una Universidad Popular Bolivariana.

Buenos Aires, 10 de enero de 2002.

Chávez y la Revolución Bolivariana

Presidente Chávez, es difícil desde el exterior comprender el proceso político en curso en Venezuela. Incluso quien trata de aproximarse a lo que ustedes definen como revolución bolivariana, por regla general observa mediante el prisma de la gran prensa. La información es a menudo contradictoria. En Argentina, por ejemplo, desde antes de su asunción, un diario de gran porte al mismo tiempo afirmaba que usted era un militar carapintada y explicaba que su política económica sería la misma aplicada en ese momento en Argentina, es decir un neoliberalismo a ultranza. De modo que es pertinente comenzar por algunos puntos elementales: ¿qué es la revolución bolivariana? ¿Cuáles son los puntos de apoyo de esta revolución? ¿Adónde pretende ir?

Fíjate Luis que estaba recordando el tratamiento de esa gran prensa y sobre todo de allá, del Cono Sur. Recuerdo que me llegó un artículo del diario *Clarín* de Buenos Aires donde se afirmaba y se hablaba de mí como el carapintada de la Sabana y una serie de especulaciones. Desde la cárcel mandamos una carta al diario pidiendo derecho a réplica. No estoy seguro si la publicaron algún día, pero luego cuando fui a...

Si fue publicada, yo no la leí.

A lo mejor no les llegó. Para pensar de buena fe. Pero luego cuando fui a Buenos Aires por primera vez, recién salido de prisión en el año '94, me recibieron con el mismo titular: "Llegó el carapintada venezolano". A nosotros nos han presentado de manera muy extraña: desde la extrema derecha hasta la extrema izquierda; con una superficialidad y una facilidad asombrosas. Se decía en la prensa, en la gran prensa latinoamericana, por allá en el '94, que yo había ido por Buenos Aires, por Santiago, por Montevideo, a rehacer la *internacional de las espadas*. Y a los pocos meses se decía que fui a La Habana, ya no a impulsar esa *internacional de las espadas*, sino a conformar junto con Fidel y la guerrilla colombiana, la *internacional bolivariana, guerrillera grancolombiana*. Cosas por el estilo. Una serie de especulaciones asombrosas como te dije, que han volado de un extremo al otro. Ahora, ¿qué es lo que realmente somos nosotros? Somos un movimiento revolucionario que ya lleva dos décadas gestándose; producto de la situación mundial, de la situación interna, producto de las luchas del país, del fracaso del modelo democrático representativo *puntofijista*. Producto también del fracaso de la extrema izquierda venezolana y de la izquierda en general que se mineralizó y nunca logró articular una estrategia de poder. Y así es que surgió un movimiento alternativo. Cosa extraña: surgió en verdad de las filas militares. Por supuesto con influencia de diversos sectores; pero se anidó en filas militares. Yo cuando entré al ejército no tenía ningún tipo de motivación política, era en 1971.

Leí en alguna parte que el primer móvil para dar ese paso era jugar al béisbol.

Sí, yo quería ser pelotero de grandes ligas y profesional. Y venirme a Caracas fue la única manera, venirme a la academia militar para llegar a Caracas. No tenía recursos mi papá para costearme los estudios aquí, ése fue el móvil inicial. En el año '71 yo entré a las filas militares sin ninguna motivación política. Cuatro años después salí con motivación política. O sea que eso se generó en mí y en un grupo de compañeros, ahí en el seno del ejército, en este caso de la academia militar. Entonces empezó el movimiento revolucionario que se fue cargando de una ideología, la ideología bolivariana. La estudiamos durante mucho tiempo, una ideología que tiene un sustento ético, filosófico, político y la fuimos además articulando con otros pensadores y autores venezolanos: el general Zamora, las tierras libres y los hombres libres de Simón Rodríguez, el sabio, el Rousseau americano lo llamó Bolívar en alguna ocasión.
Así que fuimos creando una fuerza transformadora, una fuerza cívico-militar, poco a poco nos fuimos armando de una ideología, de una fuerza y de una estrategia, que se hizo concreta con una

rebelión, el 4 de febrero de 1992, hace ya casi 10 años. Aquella rebelión militar disparó una conciencia colectiva. En una ocasión leía en un libro de Camus, creo que en *El hombre rebelde*, aquella expresión: "Yo me rebelo, luego nosotros somos".
Aquí faltaba un disparador. Eso ocurrió y el pueblo se fue en masa detrás de un proyecto y así fue cuajando un movimiento ya no militar, un movimiento popular, que tomó un camino, que hemos venido trazando a través de una revolución política, democrática, pacífica, un proceso constituyente, un cambio político de estructuras. Tú me preguntas qué es la revolución; yo lo he dicho: hoy en día la revolución se hizo Constitución. Producto de ese gran debate, de ese proceso constituyente. ¿Y hacia dónde va esa revolución? Pues como toda revolución tiene que ir hacia la transformación de las estructuras políticas, sociales, económicas y morales también.

Puede decirse que las estructuras institucionales ya las revolucionaron. El cambio se produjo con un proceso sucesivo de elecciones muy impresionante, inédito diría. Las estructuras políticas se transformaron de hecho incluso con la primera elección, cuando se desmoronaron los partidos tradicionales. Todavía no está recompuesto un nuevo esquema, pero el cambio es por demás notorio. Sin embargo, ¿qué pasa con las estructuras económicas? ¿Hasta qué punto hay cambios que pudieran calificarse como revolucionarios en las estructuras económicas?

Te diría incluso que en lo político la revolución ha avanzado un trecho bastante importante, pero aún ahí no hemos culminado el proceso. Tenemos por delante todo un período de reconstitución de un nuevo esquema político, de nuevas instituciones, algunas de las cuales están naciendo y hay que estar muy pendiente de que se vayan desarrollando en función de los criterios que ha marcado este proyecto revolucionario, que no vayan a llenarse de los viejos vicios, sino que se llenen de virtudes; que vayan conformándose en sólidas estructuras del proyecto político. Todo lo que está naciendo está también amenazado por ese viejo vicio que merodea y trata de penetrar, trata de frenar, trata de matizar,

trata incluso de que el proceso revolucionario degenere en un proceso reformista. Es una reacción hasta natural: la resistencia a que el proceso siga avanzando en lo político.
Una democracia como está señalada aquí (señala el librito de la Constitución) tiene que ser participativa. Pero fíjate que recién ahora es que estamos haciendo las leyes para consolidar ese proceso o ese modelo participativo. Hay una ley en la asamblea que se está discutiendo, de participación popular, una ley revolucionaria que tiene que anclar la norma constitucional en la realidad, abrir los canales para la participación. Así que en lo político hemos avanzado, repito, un buen trecho de manera exitosa, pero tenemos el ojo puesto en ese proceso político para que no se vaya a mediatizar, que no se vaya a detener.
Desde el Ejecutivo por supuesto impulsamos con bastante fuerza ese proceso político. La Asamblea Nacional... Tú me veías ahorita hablando con la nueva jefa de nuestro grupo parlamentario...

Que por cierto ha sufrido una crisis; ella es la nueva titular del bloque de legisladores, porque hubo allí algún problema con...

Sí, es así.

Me interesa menos la coyuntura, pero parece que esta coyuntura tendrá consecuencias importantes.

Las coyunturas son buenas porque en ellas afloran situaciones que a veces vienen soterradas o son pruebas de fuego para personas o para procesos y para intenciones. Y entonces resulta que en esta coyuntura en la cual nosotros estamos metiendo más a fondo la velocidad y la profundidad del proceso, pues hay individualidades que dentro mismo de nuestro movimiento político, tienden a salirse, o tienden a ponerse en contra de esa profundización; por intereses, o a lo mejor por falta de conciencia. Eso nos ha pasado con algunas individualidades en estas últimas semanas, que han estado planteando que había que frenar las leyes habilitantes; que había que buscar un consenso. Así que nos vimos obligados a sustituir al jefe de nuestro grupo parlamentario por estar en una actitud poco contundente, muy poco comprometida para llevar a fondo este asunto de las leyes habilitantes, de las leyes transformadoras. Precisamente esto tiene que ver con la pregunta que me hacías: en lo político avanzamos haciendo ajustes, haciendo, como yo digo ajustes con el alicate, ajustando tuercas o sacando tuercas, si es que ya no pueden usarse para ajustar algo. Pero en lo económico no es mucho lo que hemos hecho en cuanto a la transformación de las estructuras, porque como es un proceso pacífico, tiene su fase, tiene su tiempo; y es ahora cuando estamos metiendo a fondo, a través de las leyes habilitantes, el proceso de revolución en el orden económico y es por eso que se ha generado esta reacción.

Revolución y contrarrevolución

Puede estar en discusión cuánto se ha avanzado en el terreno económico, pero es evidente que han provocado una reacción considerable: el 10 de octubre es todo un símbolo.

Es la primera vez que hay un paro patronal en toda la historia venezolana. Ahora: eso indica que vamos por buen camino. Al contrario de estar preocupado porque no hay consenso, porque hay una conflictividad, tenemos que asumir que toda revolución es un conflicto. No podemos nosotros -y yo en lo personal- estar cediendo principios a nombre de un consenso imposible. Entonces, este año que está terminando es un año en el cual hemos puesto una pieza fundamental en el plano de la revolución económica: cuarenta y nueve leyes habilitantes. No todas tienen un carácter eminentemente revolucionario; algunas son leyes de seguros, de forma, pero la ley de tierra por ejemplo, es una ley revolucionaria. Vamos a comenzar a hacer aquí lo que no se pudo en siglos, que es la redistribución en la tierra. Justicia en el reparto de la tierra.

Detengámonos un momento en este punto: la reforma agraria, medidas como las que se están tomando en el orden económico por un lado y pensadores tales como Rousseau, o Rodríguez o

Bolívar por otro, corresponden a otra época. Hay dos interrogantes aquí: ¿por qué se ataca tanto a un gobierno que toma medidas que han sido la base del desarrollo capitalista hace doscientos años? Y por otro lado: ¿qué revolución es una que se apoya en ideas, medidas y pensadores de hace doscientos años, cuando el capitalismo era revolucionario?

Mira, el ataque no es nuevo, es un ataque más, es una nueva reacción, un nuevo intento de frenar el avance de este proceso revolucionario. Ya lo hubo en 1988, incluso con un intento de golpe de Estado, para evitar el triunfo. Ya entonces se unieron todos los candidatos, los medios de comunicación más importantes, contra nosotros. Y luego cuando la Constituyente, después de firmar el decreto convocando a referéndum, hubo aquella campaña perversa. Luego cuando se redactó el proyecto de la Constitución e íbamos al referéndum aprobatorio, también una oposición furibunda donde hasta la iglesia participó. Yo diría incluso que ésta no ha sido la más enconada reacción de la contrarrevolución. En aquella ocasión recuerdo obispos en la calle, la prensa, los medios de comunicación en campaña permanente.

Pero en esta oportunidad se llegó a hablar de golpe de Estado, asesinato del primer mandatario. Nosotros al menos lo percibimos como algo más grave que las campañas anteriores.

Sí, esta vez la reacción parecía más furibunda, como que más decidida...

Eso es: más decidida.

Claro, el proceso ha avanzado; la reacción ha tenido ya algún tiempo más o menos suficiente para aglutinar fuerzas, que antes no las tenía y ahora se presentaron como una fuerza más homogénea, como con más consistencia, convocando al paro... Pero es la misma unidad de las fuerzas contrarrevolucionarias. Que hayan pensado en un golpe no es nuevo. Siempre han estado pensando en eso. Que hayan estado pensando en un magnicidio,

tampoco: siempre han estado pensando algunos sectores en eso. Pero en este caso la reacción vino acompañada del desespero. ¿Por qué el desespero ahora? Porque -es mi apreciación- en las reacciones anteriores tenían esperanzas. Creo que a pesar de que trataron de evitar el triunfo electoral las fuerzas contrarrevolucionarias guardaban las esperanzas. Una vez que vieron que era imposible lograrlo, guardaron las esperanzas de que Chávez va a bajar la guardia, vamos a lograr -así lo dijeron y lo escribieron en alguna ocasión- *"amansar al bicho"*. El bicho soy yo. Entonces trataron de infiltrar el gobierno y lo lograron hasta cierto nivel; trataron de engañar, trataron de pasar la mano, con la esperanza de que... Bueno, este bicho hay que domarlo y será domado y va a terminar haciendo un discurso encendido, pero al final no va a hacer cambios fundamentales, no va a poder o no va tener la voluntad o lo vamos a poder frenar...
Luego viene la Constitución y también se opusieron de manera furibunda, pero sin el desespero que ahora hemos notado, porque ellos, creo ahora sí han percibido en toda la cruda realidad -para ellos: que este proceso va adelante y que Hugo Chávez no está en venta, ni tiene compromisos con ningún sector, ni soy chantajeable, o atemorizable. Entonces creo que ese factor adicional es lo que tú has observado como una especie de desespero, incluso planteando el 10 de diciembre como el día de la caída de Chávez, tratando de generar una crisis política, una crisis social. El desespero.

Puede ser que además haya influido el nuevo cuadro internacional y la idea, o acaso la realidad, de que se sintieran más respaldados desde fuera.

Creo que también eso los ha alentado un poco. Especialmente por nuestras posiciones frente al combate al terrorismo, que han generado algunas reacciones en Washington. Seguro que eso también los ha alentado, y han estado buscando, y posiblemente consiguiendo, algún apoyo de sectores externos. Eso seguramente los ha alentado a esa reacción furibunda.
Tú me preguntas cuál es la razón. Es que estamos comenzando,

hemos topado con lo económico, hemos topado con el cambio económico, hemos topado con esa rancia oligarquía que aquí maneja los recursos fundamentales para el desarrollo de la economía y del país: la tierra, el capital, fundamentalmente esos dos elementos, los factores de producción que han explotado a la clase obrera durante muchísimos años. Entonces ahora nos planteamos leyes para darle continuidad al proceso revolucionario constitucional, como la ley de Tierras, la ley de Pesca, la Ley de Microfinanzas, las que apuntan a democratizar el capital, una nueva ley de Bancos, la nueva de ley de Hidrocarburos, que hace consolidar la posición de que el petróleo, los hidrocarburos, son un recurso del Estado, un recurso de alto interés estratégico. Así que ésa es la razón de todo este ataque furibundo de los últimos días: estamos jugándonos la transformación económica, que es lo esencial.
Tú puedes cambiarle la forma a este vaso, puedes ponerlo achatado, puedes romperlo y hacerlo de otra manera. Es la estructura político-jurídica, lo que está en la Constitución. Pero la esencia de la situación es el contenido, es la estructura socioeconómica. Entonces hemos topado con ese momento, con esa fase del proceso de cambio, del proceso revolucionario. Y es que ha comenzado ya a tocarse la estructura socioeconómica y ahí entonces los sectores tradicionales oligárquicos reaccionan de esa manera desesperada, porque ven que las cosas no se van a quedar sólo en la estructura política, o en el cambio de la estructura política, y al fin de cuenta, a los sectores dominantes en lo económico poco les ha interesado la forma a lo largo de la historia. Ha habido dictaduras, ha habido democracias superficiales, ha habido cambios políticos diversos, pero ellos han mantenido siempre su poder, porque esas estructuras políticas, en dictadura o en democracia, siempre les respetaron su espacio. Ellos no se sentían tocados, eran como los intocables. Ahora se están dando cuenta de que este proceso sí los está tocando; está comenzando a tocar sus intereses acumulados durante mucho tiempo.

El diagnóstico entonces es que hay una revolución en marcha y está provocando una contrarrevolución. Ya es parte de los titu-

lares de distintos medios de prensa internacionales la afirmación de que hay una contrarrevolución en marcha en Venezuela. Ahora bien, ¿cuáles son las fuerzas motrices? ¿En qué se apoya esta revolución?

Mira, tú sabes que el estallido de este proceso despertó una serie de fuerzas, algunas anárquicas, algunas confundidas, como que en el tablero se hicieron presentes fuerzas diversas, de corrientes diversas. Cuando estábamos en prisión nos llegaban cartas, documentos, manifiestos, de corrientes desde la extrema derecha, que se creían representados en nosotros, hasta la extrema izquierda. En una primera situación de mucha confusión ideológica, algunos decían: "Son militares, ah bueno, entonces son la derecha, son militares". Otros movimientos de izquierda que ya nos conocían, se identificaban con nosotros. En fin, surgieron muchos movimientos, muchas corrientes. A medida que pasó el tiempo se fueron consolidando verdaderos actores motrices, yo diría que el primer actor motriz es el factor moral. Yo creo mucho en aquello de Mao de la fuerza moral. Mao decía: "El resultado de la guerra al final, no está en la máquina, o en el tanque de guerra, o en el fusil, sino en la moral del hombre que maneja el tanque o el fusil". O sea que aquí hay una fuerza moral que despertó, que estaba adormecida. Y ésa es una fuerza motriz. Es un curso moral, es un curso de ideas. Aquí hay ideas motrices: Bolívar se ha convertido en una idea motriz; un generador de fuerzas políticas, de fuerzas ideológicas, de fuerzas reales, contundentes. Lo veíamos ahora en el relanzamiento del Movimiento Bolivariano. Un acto impresionante; yo mismo quedé sorprendido de la magnitud de la concentración y de la fuerza que había en esa concentración. Ahora, yendo más a lo concreto, a la fuerza concreta, las fuerzas reales que impulsan este proceso, yo siempre he dicho que hay dos grandes fuerzas. Una, el pueblo, el pueblo que ha venido avanzando, en una fase nada fácil, contra una gran campaña de manipulación, pero elevando su nivel de organización. Y ésa es una de las tareas que asumimos y tenemos que asumir cada día con mayor eficacia y eficiencia. Pero la corriente popular es la que ha venido rompiendo barreras desde las elecciones y antes.

Sin esa fuerza popular arrolladora todo este proceso constituyente hubiese sido imposible. Lo señalaba en mi discurso el 15 de diciembre, cuando hicimos el evento en la Asamblea Nacional para conmemorar el segundo aniversario de la aprobación del referéndum constitucional. Recordaba una tesis que nosotros desarrollamos desde la cárcel. Tú sabes que nosotros ya el 4 de febrero (de 1992), veníamos con la idea constituyente. Recuerda que Colombia...

¿El plan era tomar el poder y llamar a una Asamblea Constituyente?

Si, nosotros jamás tuvimos la idea de erigirnos como una junta militar de gobierno. En verdad, somos antigorilistas. Nunca tuvimos la idea del *putsh*, de golpe militar, un golpe de Estado clásico, para establecer un gobierno militar, militarista, desconocedor de los derechos humanos. Jamás. Todo lo contrario. Somos revolucionarios. Pero el recurso que teníamos a la mano era eso: un movimiento que venía del seno del cuartel. Y desde ahí se manifestó; no había otra manera. Ahora, recuerda que en los años '90, '91, Colombia pasó por un proceso de Asamblea Constituyente, que generó muchas expectativas. Incluso el movimiento M19, que había bajado de la montaña, se incorporó con éxito a la Asamblea Constituyente. Uno de sus líderes, Antonio Navarro, fue uno de los tres copresidentes de esa Asamblea Constituyente. Y nosotros desde los cuarteles comenzamos a estudiar ese proceso y también nos llegaban contactos políticos que teníamos en Venezuela con algunos movimientos de izquierda, algunos documentos sobre el proceso constituyente. Comenzamos entonces desde 1991, 1992, a perfilarlo como parte de la estrategia: convocar a una Asamblea Constituyente. Luego en la cárcel lo estudiamos más a fondo. Recuerdo haberme leído varios libros, de muchos autores. En la cárcel elaboramos una tesis de las fases del proceso constituyente y la primera de ellas, decíamos siempre, es la transformación de la potencia en poder. Convertir una fuerza potencial en fuerza real, fuerza transformadora. En Venezuela ocurrió eso. Aquí había una fuerza potencial: ese pueblo pobre, desorganizado, el mismo que se reveló en 1989 en el Caracazo, que salió a saquear y fue masacrado, pero no tenía liderazgo, no tenía capacidad organizativa, no tenía cuadro organizativo, no tenía proyecto, no tenía bandera. Sólo su furia, sólo su desesperanza, sólo su rabia y su dolor. Después del 4 de febrero el pueblo dijo: "Bueno, parece que hay un liderazgo, parece que hay un proyecto, ¿cuál es? Constituyente, ¿qué es eso?". Casi nadie sabía lo que era una constituyente. Nosotros mismos tampoco lo habíamos desarrollado bien, así que fue en la cárcel (la cárcel fue, en verdad, una cárcel fecunda, una escuela. Siempre he dicho que agradezco a Dios haber pasado por esa cárcel, porque fue una escuela, un posgrado de dos años y un poco más, un estudio a fondo de lo que habíamos hecho y el impacto que había causado nuestra rebelión, que jamás lo habíamos soñado...

No pensaron que aquella acción provocaría tal impacto.

No, no, jamás, esa expectativa no la tuvimos nunca; nosotros salimos incluso un poco hasta desesperados, a la media noche a ver qué pasaba, con pocas probabilidades de éxito, a pesar de que teníamos una fuerza importante, pero pocas probabilidades de éxito. En verdad, contando los cañones, éramos una minoría, no había ni un solo general de alto mando que tuviera comando contundente, que estuviera con nosotros; oficiales de teniente coronel hacia abajo. En los primeros días de esa prisión, en verdad, yo llegué a pensar incluso que hubiese sido mejor morir en la celda solitaria de un sótano frío, donde uno no sabía ni qué hora era. Ponían la comida en el suelo, no llegaba nada, ni el periódico, ni noticias de nada. Pero uno sí oía que murieron tantos... Entonces uno decía: qué hemos hecho, decía yo, dios mío. Murió tal compañero, murió el otro, por qué no he muerto yo, en vez de estar encerrado aquí; no, ya como arrepentido, los primeros días. Luego, mira, el primer ser humano que entró a mi celda fue un sacerdote, capellán de la cárcel militar. No era cárcel, en verdad, es la dirección de inteligencia militar, y hay unos sótanos ahí, unas celdas, donde pasan detenidos unos días, pero no es prisión, unos sótanos, celda-sótano. Estaba muy frío aquello. Ese capellán entró como a los tres días, y entonces me dio una Biblia chiquitica, me la dio a escondidas, porque había una cámara ahí, entonces me abrazó, y me dijo en el oído una palabra, yo pensé que me estaba diciendo algo como para elevarme la moral, ya que me vio ahí tan decaído, y vino y me dijo: "Levántate, que en la calle eres un héroe nacional".

Desde esa situación era difícil de creer...

Yo no le creía: "Padre: qué héroe ni qué nada, qué héroe, ni qué nada". Luego, cuando a los pocos días llegaron los abogados a pedir que respetaran nuestros derechos a la información, a la comunicación, a la defensa, nos mandaron la prensa, y vimos ya las cosas. Fueron los hijos, fue la madre, el padre, y ya nos empezaron a llegar informaciones. Nos dimos cuenta del tremendo impacto que había tenido la rebelión. Así que esa rebelión desató una fuerza extraordinaria, desde las clases medias hasta sectores de las clases altas incluso, y sobre todo en las clases populares. Un apoyo altísimo, de ochenta, noventa por ciento, cualquier cifra de ésas pudiera quedarse corta. Esa fuerza es la que sigue empujando este proceso: el pueblo; yo estoy convencido, pero profundamente de eso Luis, es éste el combustible de este proceso, es ese pueblo. Si la campaña adversaria, que es colosal, lograra mellar la fe de ese pueblo -y ése es uno de los objetivos de la oligarquía a través de sus medios de comunicación- si lo lograran, estarían quitándole el oxígeno a este proceso. Ahora, la otra parte, el otro actor, o fuerza motriz, como tú lo señalabas, es la Fuerza Armada.

Militares, p0y cambio social

A eso quería ir: al papel de los militares en esta revolución.

Podemos decir que es como la fórmula del agua: H_2O. Si decimos que el pueblo es el oxígeno, la Fuerza Armada es el hidrógeno. No habría agua tampoco sin el hidrógeno. Veamos: primero la rebelión del '92. ¿Eso de donde salió? De la Fuerza Armada. Una corriente de la juventud militar bolivariana. Pero luego la Fuerza Armada ya como institución: si no es por la actitud de la mayoría de los militares, en el '98 este proceso se hubiera quebrado. Ellos evitaron el fraude; cuidaron los votos en las mesas, custodiaron las máquinas electorales, se metieron en el Consejo Electoral a manejar las computadoras, ellos, o una parte de ellos evitaron el golpe de Estado del que te he hablado, 'que tenía preparado el comandante del ejército de entonces, yerno del presidente de entonces y representante de esa oligarquía y esa extrema derecha. Ya instalado el gobierno, la fuerza armada tomó una actitud de apoyo. Mira, todo el '99 fue un año encendido por la más alta polémica, choques de posiciones que habían estado en conflicto durante muchísimos años; y no surgió ni siquiera un general, un oficial de alta graduación que saliera a pronunciarse públicamente. Piensa en la forma como los militares, la institución militar, ha asumido el compromiso político: seis procesos electorales, y todos cuidados por la Fuerza Armada, vigilados por ellos, chequeados por ellos, administrados por ellos. El del '98 en noviembre, para gobernadores; en diciembre, el presidencial; el referéndum en abril. Cómo se pusieron a trabajar los militares en todos los niveles para que fuera posible el referéndum; sin ellos no hubiera sido posible, porque según la ley, son los militares aquí los que custodian a través de la Operación República los procesos electorales. Ellos hubieran podido sabotear ese proceso, retardarlo. Todo lo contrario: salieron hasta a denunciar factores perturbadores políticos que querían retardar el proceso electoral, o de gobernadores que eran adversarios, que estaban retardando, no colaboraban. Luego, la elección de la Asamblea Constituyente. Después se sumaron a la discusión de la Constitución, a proponer ideas, especialmente en las áreas de lo que es la seguridad y la defensa del país. Luego el referéndum de aprobación de la Constitución (van cinco). Luego la campaña de relegitimación. Seis elecciones en menos de dos años y en la última votaron. Por primera vez en la historia venezolana.

No obstante, en la historia latinoamericana y mundial, por re-

gla general, las fuerzas armadas han sido instrumento de las clases dominantes y por regla general también, han sido la fuerza que intentó y en muchos casos logró impedir cualquier cambio.¿Qué particularidad tiene la FAN (Fuerza Armada Nacional) en Venezuela o qué particularidad tiene el equipo que supo conducirla que explique la posibilidad de que en este caso puedan contribuir con un proceso revolucionario?

Fíjate Luis, yo pudiera decirte muchas cosas de la historia, pero eso pareciera que no es muy contundente. Pudiera decirte que nosotros somos -y ciertamente es así- herederos del ejército de Bolívar, del Ejército Libertador. Pero eso no basta porque aquí hemos pasado por fases en las cuales los militares también asumieron dictaduras en contra del pueblo, masacraron al pueblo. Hubo una fase de la lucha guerrillera; la Fuerza Armada pues se puso al lado del pacto de Punto Fijo, de Acción Democrática y el Copei, y actuó como institución al lado del sistema. A pesar de que del '58 para acá hubo varios intentos de rebelión, varias rebeliones militares de signo progresista, de izquierda (el porteñazo, una rebelión fuerte de la marina de guerra, Puerto Cabello, el Carupanazo, en Carupa, contra Rómulo Bantacourt); eran movimientos todos de izquierda, pero no tenían fuerza popular. En todo caso había antecedentes lejanos que es necesario y justo invocar. En verdad el ejército nuestro nació de la mano de la orientación bolivariana, es decir un ejército libertador. Y así se llamó desde su origen: el Ejército Libertador. Esa marca tiene un peso histórico que no se puede negar. Pero más recientemente -para entrar de lleno a esta situación- en la segunda mitad del siglo XX, aquí hubo un proceso guerrillero, como en casi todos los países de América Latina. Terminó temprano: comenzó por allá por los '60 y ya en el '70, '71 se estaba hablando de la pacificación. Caldera era presidente, su primera presidencia. Aquí tendríamos que hacer un paréntesis para ver otra cosa importante: la composición social de las Fuerzas Armadas, de todos los componentes, pero del ejército especialmente, el que yo más conozco, al que pertenezco. El 99% de los oficiales venezolanos venimos de clases bajas o clases medias bajas. Es muy raro allí observar a alguien de clase alta. Incluso cuando algún joven de clase alta ha ingresado a la academia militar, generalmente es rechazado por el grupo, eso lo vimos en varias ocasiones.

En el caso de otros ejércitos latinoamericanos, específicamente el de Argentina, ocurrió exactamente a la inversa, aunque eso ha cambiado ahora, después de la última dictadura.

Pues aquí fue así. Recuerdo un muchacho que entró a la academia militar y tenía chofer. Nosotros salíamos a veces sin un centavo en el bolsillo, a caminar por Caracas, a visitar a los amigos de Caracas, a pasar el día, o a veces a comernos una arepa con un bolívar y a regresar en la tarde porque no teníamos dinero, la mayoría no, muchachos pobres, la mayoría. Una vez ingresó un muchacho de clase rica. Parece que su mamá quería que fuera militar y entonces iba el chofer de la familia a buscarlo, el fin de semana. Aquel muchacho no aguantó ni seis meses ahí: era rechazado por los compañeros, los superiores. Oficiales y cadetes lo rechazaban como alguien extraño al grueso de la muchachada, de clase humilde la mayoría. Eso es un factor sociológico importante a tomar en cuenta, a la hora de comparar a lo mejor con otros ejércitos u otras fuerzas armadas de otras partes del continente. Pero además de eso, mi generación -muchachos de los pueblos, de los barrios, de los campos- producto de que la guerra de guerrillas estaba terminando y el país entraba en una supuesta estabilidad democrática, coincidió con que en nuestras escuelas militares comenzó una fase de reforma militar. ¿En qué consistía esto? La vieja escuela militar que formaba bachilleres -entraban los muchachos con tercer año, y salían bachilleres y subtenientes- comenzó a aceptar bachilleres para formar licenciados, entonces la academia militar dejó de ser la vieja escuela y dio un salto en el rango académico y se incorporó al sistema universitario del país, el Consejo Nacional de Universidades. Eso fue una elevación del nivel de estudios, una apertura cultural. Yo recuerdo que nosotros íbamos a la universidad central a hablar, a hacer intercambios culturales, deportivos; estudiábamos el derecho constitucional a fondo, porque era la exigencia para poder optar por el título de Licenciatura en Ciencias y Artes Militares. Eso nunca había ocurrido aquí. Mi promoción es la primera de ese plan, que se llama Andrés Bello. Es la academia militar a un nivel universitario y fuimos sometidos, en verdad, a un filtro. Ingresamos más de trescientos muchachos y nos graduamos setenta y seis. Un filtro ético además. Recuerdo uno de nuestros maestros, el general de brigada Osorio García (un andino, hoy es nuestro embajador en Canadá), era director de la academia, y aquel hombre nos hablaba porque éramos como unos conejillos de Indias; así lo intuyo después que han pasado los años. Era una prédica constante de la moral, de la ética, el código de honor, de la democracia. A nosotros nos formaron entonces para la democracia y estudiamos las ciencias políticas; las teorías políticas: democracia, capitalismo, comunismo, fascismo...

¿Llegaban también a estudiar a Marx?

Sí, sí estudiamos a Marx y lecturas diversas. Claro que, en verdad, no eran unos estudios políticos a fondo porque no se trataba de licenciaturas de ciencias políticas, pero sí de la ciencia militar (Clausewitz, Mao Tse Tung). Nos incorporamos a un método llamado del desarrollo de la inteligencia, que nos ayudó mucho, a mí me ayudó mucho. Era un método de dinámica de grupo, que yo pudiera llamar revolucionario, para analizar situaciones. Mucha lectura: una inyección bastante alta de lectura, de análisis históricos, instrumentos de análisis de la realidad histórica del país. Eso marcó a mi generación, la primera promoción de Licenciados en Ciencias y Artes Militares. Además salíamos con la proyección mental de que había que seguir estudiando, de que con eso no bastaba. Nos inyectaron esa necesidad.

Ciertamente tales programas de educación son, si no únicos, al menos inusuales. Y es verdad que un buen programa educativo siempre tiene algo de revolucionario.

Sí, sí, la educación es una actividad revolucionaria, sin duda. Así que yo salí de la Academia y quería estudiar ingeniería, física... Bueno, no pude hacerlo porque fui enviado a unidades de combate;

pero en fin, ese factor, esa elevación del nivel académico de la escuela militar influyó porque entonces comenzamos a prepararnos para defender una democracia y estudiamos lo que es la democracia. Yo recuerdo un texto básico que usábamos, de Montenegro, como el abc de la ciencia política, entonces uno comenzó a estudiar "¿Qué es la democracia? Un gobierno del pueblo". ¡Ah! Y entender lo que es el pueblo y los derechos humanos y los derechos del pueblo y decir un gobierno debe ser democrático porque debe darle -decía Bolívar- felicidad a su pueblo. Y comenzamos a estudiar las tesis bolivarianas, hicimos sociedades bolivarianas, escribíamos. Mira yo recuerdo, Luis, de subteniente -tenía 21 años- yo hacía programas de radio allá en Barina, el pueblo donde me mandaron. Me nombraron jefe de captación en todo el Estado de Barinas y me dediqué a captar aspirantes para la academia militar. Me la pasaba dando conferencias en los museos, tenía un programa de radio semanal, escribía en un periódico que se llamaba *El Impulso*, del estado de Barina, donde tenía una columna todos los jueves. Se llamaba "Proyección Patriótico-cultural Cedeño", porque el nombre de mi batallón era Manuel Cedeño, un patriota. Esa formación abierta hacia la sociedad, de contacto con esa sociedad influyó mucho en lo que después ocurrió; esa toma de conciencia de que un gobierno debe darle felicidad a un pueblo y que una fuerza armada debe ser un factor de desarrollo. Yo recuerdo mucho una tesis que estudiamos durante varios años: "El ejército como agente del cambio social". A mí siempre me gustó esa tesis, y la repetíamos, la discutíamos. ¿Qué ocurrió luego, Luis? Con ese nivel de conciencia, un grupo de mis compañeros resulta que a los pocos años de graduados -en el año '75 salimos de subtenientes- estábamos como instructores. Ya en el '80 yo estaba de teniente en la academia militar otra vez, pero de oficial de planta, instructor. Y entonces comenzamos a formar esas nuevas generaciones y casi todos los oficiales rebeldes del '92 fueron los mejores muchachos de su promoción del 80 al 83, cuatro años que nosotros estuvimos ahí metidos de lleno en la academia militar. Muchos otros compañeros no andaban en el movimiento político, pero ya en el '80 yo andaba metido en un movimiento político; ya yo andaba con una antorcha encendida. Entonces tú me veías, pudiste haberme visto, a la media noche, estudiando. Yo estaba recién casado y tenía mi niña pequeñita pero mi mujer vivía a una hora de aquí y yo no tenía carro así que yo dormía en la escuela, tenía mi habitación ahí y salía sólo los fines de semana. Entonces después de que terminaban las actividades de la tarde los cadetes se iban a bañar, iban al comedor, y yo me quedaba en mi pequeña oficina con un libro grande, más grande que éste, y hacía una lista y los llamaba a entrevistas personales, uno a uno: "De dónde eres tú, quiénes son tus padres", iba marcando. Casi nunca me equivoqué a la hora de invitarlos -de repente un año después o cinco años después o algunos hasta diez años después- a incorporarse al movimiento revolucionario. Entonces hubo primero circunstancias históricas dadas, una situación especial -aquello de que se acabó la guerrilla, de que fue elevado el nivel académico de la escuela militar, aquello de las lecturas y los estudios de ciencias políticas, de economía, del derecho, las ciencias, las artes, la elevación cultural del grupo- pero luego fue una acción consciente. Cuando regresé a la escuela militar, cinco años después de haber salido, venía como Zaratustra a incendiar el valle. Ya venía con mi antorcha y andaba buscando incendiar... y logré incendiar a varios.

La oficialidad de los ejércitos y fuerzas armadas de América Latina en general y muy específicamente de Argentina, prácticamente en su totalidad -incluso la suboficialidad-, han pasado por la Escuela de las Américas u otros centros estadounidenses de adiestramiento militar. ¿Qué pasó con los oficiales de aquí y particularmente con estas nuevas promociones? ¿También tuvieron esa experiencia? ¿Qué pasó con ustedes?

Eso es otra cosa importante. Tal como te dije la guerrilla en Venezuela en verdad no tuvo base social, eran frentes guerrilleros pequeños y luego entraron a la pacificación. Nosotros, mi generación, nunca conocimos la Escuela de las Américas. La escuela nuestra fue aquí: las montañas de Venezuela, los libros de Venezuela. Claro que sí había alguna influencia; de repente los manuales de la guerra regular. Pero eran algunas influencias teóricas, manuales que eran traducidos casi todos del inglés, de la doctrina militar estadounidense...

De modo que no pasaron por ninguna de las escuelas estadounidenses de contrainsurgencia.

No. No hubo ninguna influencia ideológica, digámoslo así, ni que hayamos ido en masa para hacer curso. Recuerdo que en mi tiempo a un muchacho sumamente inteligente -era uno de los más inteligentes de nuestro tiempo- lo seleccionaron para estudiar en West Point. Se graduó y volvió. Pero es uno. No es que nos hayan llevado como ocurrió en otros países, en otras épocas, quinientos oficiales a hacer un curso de guerra psicológica en la Escuela de las Américas. De ahí salió Pinochet, de ahí surgieron buena parte de los dictadores de América Latina, del Cono Sur sobre todo. Ese es otro factor que hay que considerar: no hubo aquí ninguna influencia extraña a nuestro proceso de formación, muy autóctono, muy original.

El papel de las masas

Vayamos al otro extremo entonces. Así se están comportando las FF.AA. ¿Qué papel está jugando el movimiento obrero, los trabajadores en general y particularmente los trabajadores más avanzados en términos de desarrollo social? ¿Y cómo se está comportando el movimiento estudiantil?

Antes de responderte la pregunta, Luis, hay que tomar en cuenta, el grado de desintegración, de desideologización, de caos, de desmoronamiento, al que aquí llevaron durante décadas al movimiento obrero: penetrado, manipulado, desideologizado, dividido, manipulado, engañado por nuestras cúpulas sindicales que se enriquecieron, le quitaron toda voluntad de lucha, todo liderazgo verdadero, toda bandera, toda ideología de lucha, de transformación. Se la quitaron como el que le quita el alma a un cuerpo. Se quedó sin alma la clase obrera, salvo algunos reductos, algunos pequeños núcleos. Hubo intentos como por ejemplo la Causa R, que fue un intento de movimiento político obrero. Pero fracasó también, al final se dividió, y se neutralizó. Y lo mismo pasó con el movimiento estudiantil. El movimiento estudiantil yo diría que hasta peor que el movimiento obrero. Terminaron siendo movimientos, o no, no movimientos: más bien sectores sociales sin ningún movimiento, sin ninguna capacidad de presencia, de lucha, de motorizar algún proyecto. Aquí a los trabajadores, por ejemplo, las cúpulas sindicales de la CTV (Central de Trabajadores de Venezuela), Fedecámaras y el gobierno de entonces les quitaron las prestaciones sociales. Y no hubo ninguna protesta, no había movimiento obrero. A las universidades las privatizaron prácticamente a todas, hasta las públicas. La corrupción en las universidades campeaba por todas partes. Todavía es una lucha pendiente la transformación universitaria. Claro que hay movimientos estudiantiles radicalizados, poderosos, algunos encapuchados, tirando piedras, quemando carros, pero sin ningún tipo de proyecto, de plan racional de transformación de la sociedad, desconectados del país, encerrados aulas adentro. Es la situación con la que nos hemos encontrado nosotros. Tú vas a creer si te digo que después de la cárcel, durante toda esa campaña que hicimos por el país del '94 al '98, cinco años, yo no encontré un movimiento obrero organizado; ni movimientos estudiantiles, y no pudimos formar una corriente obrera ni sindical verdaderamente pesada en esa fase preelectoral -mucho menos en la fase electoral, que no es muy propia para estas cosas- ni tampoco en las universidades. A pesar de contar con una simpatía muy alta en estos sectores. Es ahora, especialmente después de aprobada la Constitución, que entramos en una fase de transformación sindical. Hubo un intento este año, pero fracasó, porque las cúpulas sindicales lograron sabotear el proceso, aunque no totalmente, porque allí hay un capital que quedó acumulado. Nosotros ganamos un 40% de los sindicatos de base en estas elecciones que hubo desde el mes de septiembre hasta el mes de noviembre. Aquí jamás se habían hecho elecciones desde abajo, desde la base de los sindicatos, a pesar de que más de la mitad de los trabajadores todavía no están ni siquiera registrados en las listas sindicales para las elecciones. Sencillamente están ausentes de lo que es la lucha sindical; pero en ese universo reducido de trabajadores registrados en sindicatos, nosotros obtuvimos el 40% de esos sindicatos de base y ha nacido algo que aquí no existía y no hay otra corriente sindical con la fuerza que tiene ésta, aunque todavía no tiene la fuerza que necesitamos. La FBT (Fuerza Bolivariana de los Trabajadores) ha venido creciendo y dio esa batalla electoral; evitó que se consolidara el fraude, puso una consigna en la calle y obtuvo como ya te dije una victoria importante y ahí está ya como un liderazgo, como una fuerza, una organización. Eso es un paso, apenas, hacia la conformación de una corriente obrera fuerte y poderosa en Venezuela. Estamos lejos de ello, pero ya hemos dado un paso. En lo estudiantil poco hemos avanzado... poco hemos avanzado. Por cierto hoy conversaba yo con un dirigente estudiantil por teléfono. Un muchacho que esta aquí en la federación de centros universitarios; me mandó una carta y yo le respondí por teléfono, lo convoqué a una reunión el 4 de enero, a él y a un grupo de dirigentes de la Universidad Central. Allá hay un movimiento que está tratando de conformarse. Le hizo daño a ese movimiento una acción anárquica de hace unos meses: la toma del Rectorado. Le hizo mucho daño. Ya nosotros habíamos hablado con algunos de ellos. Pero es esa dificultad de conformar una fuerza disciplinada. Generalmente ahí las tendencias son anárquicas, no reconocen liderazgo. Entonces un buen día decidieron que lo que había que hacer, para protestar contra el rector, era tomar el Rectorado. Y tomaron el Rectorado y allá estuvieron como un mes, y bueno se generó...

¿Había respaldo en el conjunto de los estudiantes?

No, no, no, sin respaldo más que de un grupo. Digamos que como un foco: cincuenta muchachos. Los demás en su clase y ellos allá tomando el Rectorado. Una acción anárquica, sin bases, sin trabajo social. Eso les hizo daño; nos hizo daño, porque fue presentada como una acción instigada por el gobierno. Y no fue así. Más bien nosotros les habíamos dicho que se calmaran. Los habíamos apoyado para ir a Argelia, al Festival de la Juventud. Fueron, vinieron, parece que llegaron muy motivados y a los pocos días decidieron tomar el Rectorado. Sin embargo, recientemente, por primera vez en mucho tiempo, ganamos unas elecciones, un Movimiento Bolivariano Estudiantil, en la Universidad de los Andes, en Mérida. Ése es un paso importante, porque ahí al movimiento estudiantil siempre lo manejaron Acción Democrática y el Copei. Claro: es un movimiento estudiantil donde participa el 10%. Y ésa es la causa, la gran mayoría no participa...

El conjunto está ajeno a la política universitaria. Eso es bastante corriente en estos tiempos, no sólo en Venezuela. Pero resulta extraño que no haya participación de la juventud universitaria en el debate político hoy abierto en el país.

Hay una masa de estudiantes que anda totalmente desmotivada. Ése es otro de los grandes retos que tenemos nosotros: organizar un movimiento obrero, un Movimiento Estudiantil Bolivariano, revolucionario, es otro de los grandes retos que tenemos. Nos lo hemos planteado en el Partido. Ahora, como tú sabes, los partidos generalmente tienen sus límites, sobre todo cuando son partidos del gobierno y sus principales líderes asumen posiciones de gobernadores, alcaldes, diputados y se los traga el trabajo diario. Por eso, y por la necesidad de darle mayor grado organizativo a las corrientes populares, es que convoqué el relanzamiento del Movimiento Bolivariano Revolucionario, que fue el nombre original del aquel movimiento cívico-militar que nació por el año '82. Y te digo que hemos estado trabajando muy duro todo este año, formando círculos bolivarianos estudiantiles, obreros, campesinos, de mujeres, de indígenas, militares, amas de casa, y se ha generado en verdad una dinámica que ya tuvo el primer resultado, una gran concentración el 17 de diciembre.

Tengo entendido que ese día se juramentaron ocho mil círculos bolivarianos.

No, ocho mil no, me han informado que fueron más de diez mil.

Pero además de eso, en cada región, en cada Estado, se han multiplicado los círculos bolivarianos. Hemos estado conduciendo esto desde aquí mismo, con el ministro de Secretaría de la Presidencia y apoyándolo en todo lo que podemos, editando folletos, libros, orientaciones, conscientes de que a ese pueblo hay que inducirlo, orientarlo, para que incremente su nivel de organización, de combate, su ideología, la ideología bolivariana, la estrategia, la revolución y la defensa de la revolución. Como te digo pues, ése es el oxígeno. Pero los partidos -y el nuestro también-tienen sus limitaciones. Por eso...

Hablemos un minuto de esas limitaciones del Partido, Movimiento V República (MVR). El Movimiento Bolivariano Revolucionario parece ser una herramienta de masas muy singular y apareció el 17 con mucha potencia, pero el Movimiento V República, ¿está en condiciones de ser una fuerza política capaz de conducir a un movimiento de masas como el MBR?

Relativamente. Creo que en este momento del Partido su capacidad, pues, es muy limitada. Sin embargo, Luis, cuando planteé la idea de relanzar el MBR 200, fue un misil sorpresivo. Fue en la Asamblea Nacional. Yo venía pensando -no lo comenté con nadie, sólo con el ministro Diosdado y con el secretario de la presidencia, mi hermano. Veníamos así varios meses, pensando en el MBR 200, porque llegábamos a los 20 años, al 17 de diciembre; y analizando la situación, el bajón en su capacidad de movilización del partido que fue verificado en algunos actos, donde no se veía la fuerza del año pasado, de los años anteriores. Yo comencé a preocuparme y entonces así de sorpresa me invitaron a un acto en la Asamblea Nacional. Fue el motivo del segundo aniversario del referéndum, es decir el 25 de abril de este año. Y ahí en mi discurso solté la sorpresa. Dije: "Llamo y convoco al relanzamiento del Movimiento Bolivariano Revolucionario". Al partido lo tomó absolutamente por sorpresa y hubo reacciones de duda, de reserva. Por supuesto la especulación de los medios no se hizo esperar. Comenzaron a decir que yo iba a eliminar el partido, que no lo quería, que iba a descabezarlo para formar un movimiento fascista, etc. Pero el Partido reaccionó rápido, generalmente de manera favorable y paulatinamente se fueron sumando los líderes nacionales: el comando nacional, los comandos regionales, los gobernadores, los alcaldes, incluso gente que se había quedado por fuera, que estaba como relegada, comenzó a reorganizarse y fue así como el partido se ha transformado hoy en día y es -lo puedo decir con plena seguridad- uno de los motores fundamentales del Movimiento Revolucionario Bolivariano. Esa gran concentración de masas que hubo allí, no hubiese podido hacerse si el partido no se mete a trabajar, a organizar, a motorizar, a movilizar los líderes regionales, sobre todo los gobernadores, alcaldes, los diputados y el comando nacional del movimiento. Hicimos un esfuerzo muy grande, digamos que desde julio, porque desde el anuncio en abril hasta julio hubo un proceso de asimilar aquella noticia. Hubo temores. Yo por supuesto expliqué, llamé, comencé a llamar al comando nacional, a los gobernadores, hicimos un documento explicativo de cuál es la visión del nuevo Movimiento Bolivariano y en verdad el partido asimiló y después de julio el partido se sumó al trabajo. Luis, mira, ahora mismo en esta coyuntura, en esta reacción desesperada de la oligarquía, hubo intentos varios de llegar aquí al Palacio. Por ejemplo una marcha en la que ellos decían que iban a traer veinte mil personas. Venían menos de dos mil, pero no pudieron pasar porque esto se llenó de gente y eso fue el partido y el Movimiento Bolivariano actuando, coordinando actividades. Y la gente dijo no, al Palacio de gobierno no llega esta marcha. Y no llegaron. Lo mismo pasó el 6 de diciembre. Tú sabes que la oposición ha tomado esto de las cacerolas e incluso han editado un disco, un CD y lo ponen ahí... es un estilo muy burgués...

Una actitud muy comprometida, muy militante...

Sí, ah, muy militante. Entonces, lo ponen a todo volumen en los departamentos y se oye todo aquello. Pero bueno, también le dan a su cacerola, no hay que negarlo. Y entonces el MBR respondió a su manera. La reacción fue impresionante; a las cacerolas les respondieron con cohetes; y luego la gente se concentró aquí en una vigilia toda la noche; amanecieron aquí y al día siguiente impidieron que llegara la marcha. El partido estuvo sometido a presión esos días: 6 de diciembre, la vigilia y el cohetazo; 7 de diciembre, la marcha que venía y esto se llenó de gente, pero mucho más allá de lo que uno pensaba. Luego el 10 de diciembre, el acto en la plaza Caracas que se desbordó totalmente frente al paro de la oligarquía y con motivo de la ley de Tierra. Luego fue el acto en Santa Inés el mismo día. Allá no se podía caminar, no cabía ni una aguja en Santa Inés, donde lanzamos la ley de Tierra, allá en los llanos, donde Zamora derrotó a la oligarquía en la batalla de Santa Inés, en 1859. Ése fue el partido moviendo gente y el Movimiento Bolivariano ya integrándose. Luego el 11 lanzamos la ley de Pesca en Margarita, en coincidencia con la Cumbre de Presidentes del Caribe: también una gran movilización de masas. Y poco después, el 17 de diciembre. Es decir, una serie de actividades, mucha presión, y hubo una respuesta hasta por encima de nuestras expectativas. En verdad el 17 de diciembre -lo dije ahí- hemos hecho como una apertura de campaña. Y en ese acto yo vi mucha más emoción que en el cierre de campaña electoral del año 2000, de la reelección: una tremenda pasión. Y mucha gente que no pudo venir, muchísima gente, miles de personas, que se quedaron porque no había capacidad logística para moverlos...

El cambio está en marcha entonces. Pero hay un ángulo sobre el que quisiera detenerme. Antes de comenzar esta grabación hablábamos informalmente respecto del líder, el momento histórico, las condiciones históricas y el papel y las posibilidades de ese líder en un momento dado. Cuando no hay una clase consciente de sí misma y organizada como tal -y esto vale para la burguesía, el campesinado o el proletariado- la exigencia sobre el líder plantea problemas de diverso orden. Hay una tendencia objetiva, más allá de la voluntad del propio dirigente, que lleva hacia la sustitución del movimiento mismo por el caudillo, lo cual en algún momento deriva en autoritarismo. Insisto que esto puede ocurrir porque el líder en cuestión lo desee, o por la gravitación objetiva de lo que en última instancia es atraso y subdesarrollo. Dadas las condiciones actuales en Venezuela, con un movimiento obrero desorganizado, desideologizado, desmovilizado, dada la ausencia de un movimiento estudiantil y en general la ausencia de un movimiento de masas organizado y consciente, aunque todo esté en vías de rápida transformación, ¿no está planteado el peligro de ese sustitucionismo, de caudillismo y autoritarismo?

Mira Luis, aquí se está dando un proceso de sustitución, pero al revés. Y yo soy uno de los primeros, y siempre lo he dicho, desde la cárcel, interesado en que eso se dé, por que tengo la conciencia de las necesidades. En verdad aquí hubo un mito en torno a Chávez. Se habló mucho, se escribió mucho en los años '92, '93, sobre el mito Chávez, y el caudillo Chávez, el Mesías. El primer deslinde serio que tuvimos con mi compañero Francisco Arias Cárdenas - ya habíamos tenido algunos, incluso antes del 4 de febrero- fue después de la segunda rebelión militar (en noviembre de 1992, también derrotada). Él hace un escrito y lo manda a la prensa y sale publicado en *El Nacional* y habla de "el mito Chávez", "Chávez se cree un Mesías", cosa que nunca fue así pero, bueno, es su interpretación. Yo siempre dije que no es mi culpa. Es un fenómeno sociológico. Los periodistas que iban a la cárcel me preguntaban "pero usted alimenta el mito".. No, yo no alimento ningún mito. Alguna vez saldré de aquí, decía, para ayudar a destruir ese mito, si existe. Y en verdad existió. A mí me ponían velas, el retrato y las velas, al lado de Bolívar, al lado del negro Antonio de María Leos, de Guaycaipuro. El pueblo hasta inventó una oración: "Chávez nuestro que estás en la cárcel, santificado sea tu nombre". ¿Cómo luchar contra aquello? Mesianismo, sí. Pero no por que yo lo haya impulsado.

Cuando algo así ocurre espontáneamente refleja las condiciones en que viven las mayorías.

Claro, las condiciones, la falta de liderazgo, un pueblo que estaba rendido, que estaba adormecido, de repente sale un hombre como yo que jamás pensé... Yo podía morir aquí en la esquina, yo pasé por aquí el 4 de febrero, a la una de la mañana, en medio de un tiroteo y allá arriba otro tiroteo. De aquí dieron la orden de que me mataran, que no saliera vivo. Un grupo de militares que fueron a capturarme cuando dije que me entregaba, ayudaron a salvarme la vida y me sacaron por otra parte, me llevaron a Fuerte Tiuna. Yo hubiera podido morir en esa acción militar, o hubiera podido no salir por televisión aquellos 45 segundos...

Detalle que se convertiría en una clave.

Eso fue una circunstancia, Luis, eso fue producto del azar y de las circunstancias que se vivían. Yo entrego mis armas y me voy preso, pues. Me llevan a una oficina a Fuerte Tiuna. No me traen para acá ni me llevan a la cárcel. Me llevan a Fuerte Tiuna. Recuerdo el profundo respeto de todos los oficiales. A mí nadie me gritó ni me dijo nada como: "Chávez, que tú eres un traidor" Al contrario, me trataban de comandante. Yo vi aquellos generales desesperados ahí delante de mí. Yo estaba ya preso pero sentado ahí, tomando café y pedí cigarrillos y ellos estaban desesperados comandando desde ahí por radio. Y yo pendiente de mis hombres. Una de mis exigencias era que me dieran la oportunidad de rendir a todos mis hombres, que estaban regados por todas partes y yo sin comunicación con ellos. Tienen que darme comunicación con ellos para yo rendirme, para que no haya una matanza, les decía. No voy a entregarme y dejarlos a ellos en la calle. Es una condición que impuse e incluso fui con un general a varios puntos de Caracas a rendir a mi gente a decirles: "Entreguen las armas"; pero muchos estaban dispersos, en otras ciudades...

No había comunicación.

No; se había roto la comunicación. Así que me llevaron a Fuerte Tiuna, y yo sigo exigiendo hablar con toda mi gente. Y así lo hice también por teléfono. Pero faltaba Maracaibo. Allí había un comandante, Urdaneta, que me había dicho el día anterior, antes de iniciar la rebelión: "Hermano, yo no me rindo si esto falla". Y como lo conozco dije: este va a morir allá, con sus cien hombres, en el puesto de mando. Él había cortado los teléfonos. Mandaron a un amigo de él a que lo llamara desde lejos y le disparó una ráfaga al aire: "No quiero hablar con nadie". Ya lo estaban rodeando, le estaban tirando bombas de alerta a los flancos. Yo entonces digo: no, pero ustedes no pueden matar a esta gente, ya estamos rendidos, denme un chance, nos vamos en helicóptero para allá. No quisieron. "No Chávez, hay muchos aviones en el aire, nos pueden tumbar o ellos mismos nos tumban el helicóptero". Imagina: ya todos estaban rendidos menos Maracaibo y algunos sectores de Valencia. Porque los militares -un capitán- de Valencia le habían entregados fusiles a unos estudiantes de la Universidad de Carabobo -cuatro estudiantes murieron allá- y habían sacado tanques a la calle. Entonces se rindieron los que estaban en el cuartel, pero había mucha gente en la calle. En ese momento le digo a un almirante que estaba allí: mire, mi almirante, por qué no me permiten entonces mandar un mensaje por radio. Ésa fue la primera idea mía, muy provinciana ¿no? Por radio Apolo, que yo sé que se oye mucho por allá. Yo grabo aquí y ustedes le mandan que yo estoy seguro que si él me oye... pero no van a matar a esos pocos muchachos, que ya no tiene sentido. Entonces el almirante se pone a pensar -el único tipo equilibrado ahí era ese almirante, Rodríguez Citraro- me dijo: Chávez, ¿usted no es capaz de dirigirse a través de la televisión a sus compañeros?". Le dije que sí. "Pero llámalos a que se rindan". Si es lo que quiero hacer. Entonces fueron a deliberar allá y llamaron a los medios. Cometieron un error: no pidieron permiso al presidente ni al mando político.

Carlos Andrés Pérez no hubiera dado permiso.

No, no lo hubiera dado...

Un dirigente político tampoco.

No, seguro. Ahora, yo tampoco sabía que venían todos los medios. Sabia que ellos estaban deliberando y después me dijeron, bueno póngase a escribir. Yo pensé que iban a traer una cámara a grabar y a mandar la cosa...

Estaban nerviosos de verdad.

Aún así, le dije: no voy a escribir. Mi almirante, le doy mi palabra. Pero estaban empeñados en que yo escribiera. "No escribo", me puse como un malcriado. "Entonces si no escribes, no hay mensaje". Entonces no hay mensaje, le dije. Si quieren maten a esa gente, pero ustedes se van arrepentir, porque mañana va a haber otra rebelión, piénsenlo bien. Estaba muy nervioso, porque en verdad el movimiento había adquirido peso en la oficialidad. Digamos que la crema de la oficialidad joven se fue con la rebelión. Pues bien, yo no escribí nada y ellos aceptaron: "Está bien Chávez, pero sólo tal y tal cosa". Yo estoy rendido, es un compromiso, tengo mi palabra y mi moral, un compromiso de honor, de soldado. Pedí ir al baño a lavarme la cara. Me acordé de Noriega y pedí todas mis cosas, la boina roja. Ahí me dicen que no. Que sin boina tampoco voy, ése es mi uniforme, yo tengo que salir uniformado, -porque me acordé de Noriega, del panameño, cómo lo habían presentado. Entonces salí. Cuando abren las puertas y salgo me sorprendo con las luces y las cámaras...

Era en vivo.

Sí, en vivo, ¡en vivo! Pensé incluso que estaban grabando yo... Luis, yo no supe lo que dije. Sentía una voz interior, el subconsciente, que me estaba hablando. Fue el mismo que me dijo que no escribiera, fue el mismo que me dijo que me lavara la cara y me pusiera la boina y que no era Noriega y fue el mismo que me dijo... Yo recuerdo que salí con las manos atrás, una posición muy militar ¿no?, la posición de descanso. Ahí había otros y el almirante estaba hablando y yo ni siquiera oía lo que él decía. Recuerdo que pensé: no, si pones las manos atrás van a pensar que estás esposado. Entonces saqué las manos, me puse así...

Y es en esas condiciones que aparece aquel "me rindo... por ahora".

Salió de aquí. Yo no me di cuenta de ese "por ahora", te lo juro, Luis. Terminé, fueron 45 segundos. Listo, atrás, siéntese ahí... Me senté, pedí un cigarro; y un general muy amigo, viejo conspirador, que estaba ahí cerca, pendiente de lo que estaba pasando, no estaba en el movimiento en verdad pero... era un viejo conspirador y muy amigo nuestro. Él se me sienta a un lado, me pone la mano en el hombro, y me dice "¡Coño, carajito, qué vaina tan buena has dicho!". Yo estaba en verdad desplomado, estaba rendido y además diciéndole a todo el mundo que estoy rendido y apareciendo como responsable de esto y llamando a los compañeros a rendición... "Mi general, le digo ¿qué cosa he hecho yo?" Me dice: "Tú no te das cuenta, dijiste ¡por ahora!". Ese por ahora salió de no sé dónde... Del alma. Y estaba siendo transmitido en vivo.

Recuerdo haber leído luego una serie de estudios de psicólogos, sociólogos, estudiosos del mensaje, de la palabra. Expertos que hicieron estudios completos. Analizaron palabra a palabra -tú sabes- escribieron no sé cuántas páginas sobre ese mensaje de menos de un minuto. Que empecé diciendo "Buenos días a todo el pueblo de Venezuela". Entonces que soy educado, a pesar de la situación digo buenos días. "Este mensaje va dirigido a mis compañeros de armas en la brigada paracaidista y en la brigada blindada. Compañeros, ustedes lo han hecho bien por allá" -otro elemento: reconoce a sus subalternos y los estimuló-. Que después el tipo dijo "nosotros por aquí no lo hemos logrado" -reconoció su error, gesto noble- "los felicito, les reconozco su valentía y su coraje, su desprendimiento; y yo a nombre de todos asumo la responsabilidad por este movimiento militar bolivariano". Que asumió la responsabilidad en un país donde nadie asume responsabilidades, donde todo el mundo se lava las manos, mira qué nobleza. ¡Qué cosa los analistas! Y habló de Bolívar. Boina roja, un indio, un indio de voz firme...

Y ahí fue naciendo el mito pues; el mito no lo alimenté yo. Lo alimentaron, bueno, la situación, y todos los análisis después. Que era indio, que era llanero. Ah, después empiezan ¡que el abuelo era guerrillero! ¡Maisanta! ¡Mira, te das cuenta, es la continuación del abuelo! Y todas las historias que uno ve en el llano; empezaron a echar cuentos de quién era Chávez.

Ahora, volviendo a tu pregunta, una vez lo dije en la cárcel: si ese mito existe, yo voy a luchar contra él. Y cuando salí de la cárcel me di a la tarea. Mucha gente -buenos amigos- querían que yo me quedara preso Luis, "mejor es que estés preso porque eres un

símbolo", pues yo no, están locos, hay que salir a la batalla chico, no es que me haya encerrado aquí por gusto. "¡No, pero a esperar por mejores condiciones, Chávez!" Eran análisis muy serios de unos buenos amigos revolucionarios ¿no? Escritores, historiadores, que querían preservar como una leyenda viva un comandante encerrado en una celda, encarcelado con su uniforme "vas a perder el uniforme, vas a perder el símbolo". Bueno lo perderé pero yo voy a luchar contra eso porque yo no soy caudillo ni quiero serlo, ni soy mesías ni quiero serlo, ni soy un mito ni quiero serlo.
Y bueno, me lancé a esa lucha contra el mito, que es un proceso en el que todavía estamos, Luis. Todavía hay gente que me dice por ahí: "Chávez, tú eres un enviado de Dios". Todavía hay gente que me lo dice y más de una vez, o sea que ese mito todavía anda por ahí, especialmente en los sectores más humildes de la población. A mí no me gusta eso para nada pero tampoco voy yo a decirle a una señora que no, que está equivocada, ponerse a discutir eso... Yo le doy un beso y bueno mi vida, que Dios te cuide, vámonos y seguimos en el camino. Pero en todo caso yo soy uno de los que promueve ese proceso de transferencia, del mito, del caudillo, a un movimiento popular organizado. Para eso es ese esfuerzo que estamos haciendo de un Movimiento Bolivariano, de un partido de cuadros y de masas; que cuando yo desaparezca -como líder o físicamente, como sea- quede un capital acumulado, un movimiento popular organizado. Si para eso sirvió ser en una época un mito, una leyenda... bueno. Pero para transformarlo en un movimiento; no al revés. No se trata de sustituir el movimiento por un caudillo, o un mesías que todo lo sabe. Ése es el proceso que está en marcha y yo soy uno de los que tengo la conciencia, Luis, de que es necesario impulsarlo, ayudar a que estas manos y esta palabra, esta voz, contribuyan a conformar un poderoso movimiento popular, como decía Simón Rodríguez. Yo me atreví en la cárcel, leyendo a Simón Rodríguez, a agregarle una tercera consigna a algo que él escribió allá por Valparaíso en 1848: "La fuerza material está en la masa, la fuerza moral en el movimiento"; y yo le agregué: la fuerza transformadora en la masa en movimiento consciente y acelerado. Entonces creo que es eso: transformar una masa que era inmóvil, amorfa, en una masa en movimiento que

cada día tenga mayor nivel de organización, de conciencia y de ideología; y una estrategia. En eso andamos, ése es uno de los retos que nosotros tenemos...

Aciertos y errores de tres años de gobierno

Si nos queda tiempo quisiera volver después sobre este punto. Pero volvamos a la coyuntura. A tres años de gobierno, cuando ya las expectativas de aquellos revolucionarios en el llano llegaron a un punto probablemente nunca imaginado, cuando el gobierno ha conseguido a través de elecciones con mayorías abrumadoras y un apoyo popular que nadie puso en discusión, aunque a muchos no les haya gustado, a tres años de la asunción del gobierno, ¿cuáles son las principales conquistas de la revolución y cuáles son los principales errores de la conducción?

(...) Comencemos por los errores. Uno de los errores creo que ya lo hemos conversado, en base a otra pregunta tuya: es que a tres años nosotros no hemos avanzado mucho en esa organización popular, de sectores tan específicos como la clase obrera, a pesar de los pequeños logros que ya te comentaba pero que para nada son suficientes en este momento para garantizar el proceso. La organización en el movimiento estudiantil, el movimiento campesino, es decir la organización de la masa. Nosotros no hemos tenido un éxito importante en ese terreno y ahora nos vemos obligados a acelerar, y eso es lo que estamos haciendo.
Otro error de conducción ha sido la falta de un comando político amplio; y eso pudiera tener no excusas, sino explicaciones. Nuestro partido, el Movimiento V República, nació -y yo diría que ése es el signo negativo esencial- para la coyuntura electoral, después de un proceso muy difícil. Mira Luis, tú no tendrás idea de lo que te puedo contar sobre cuánto me costó a mí convencer a la mayoría militante del Movimiento Bolivariano Revolucionario 200, que después de la cárcel se fue organizando en todo el país, pero como movimiento casi clandestino, cívico-militar, muy radical, para ir

a elecciones. Mira, yo no dormía; recorría el país, viajaba de noche, amanecía en un pueblo, en otro, asambleas donde trescientas personas me decían "No"; donde me llegaban a llamar traidor, electoralista... Pero al final, después de un año y pico, después de tres asambleas nacionales y de una encuesta, tomamos la decisión. Más que encuesta fue casi un referéndum: hicimos doscientas mil consultas. No nosotros mismos, no teníamos dinero. Pedimos ayuda a profesionales, sobre todo psicólogos, estadísticos, estudiantes, que eran amigos pero no tenían compromiso partidista ni político con nosotros; les pedimos que nos ayudaran; conseguimos unos recursos por ahí, dando arañazos, e hicimos una consulta gigantesca de doscientos mil consultados en todo el país, las grandes ciudades sobre todo. Dos preguntas: primero: ¿usted estaría de acuerdo en que Chávez sea candidato a la presidencia? ¿Sí o no? Sí, casi 80%. No, un poco más de 20%. Segundo: ¿votaría por él? Eso fue a finales del '96, comienzos del '97. Por estos días, hace cinco años, estábamos planificando la encuesta y buscando recursos, reuniéndonos, para comenzar en enero la consulta y tomar la decisión en abril. La encuesta fue el último requisito que la Asamblea impuso. Bueno: vamos a consultar al pueblo, pero una consulta seria. Y la hicimos seria. Pero lo que es impresionante es el porcentaje del sí: casi exactamente el resultado de 1998: un poco más del 57%. Por eso yo me reía en verdad en mis adentros cuando las encuestadoras estas famosas decían allá por el '95, '96 que yo estaba acabado, que no podía ser candidato. "Nadie cree en Chávez, eso se acabó porque es amigo de Fidel". Porque mira, esa campaña utilizando a Fidel es vieja, del '94. Mucha gente cree que me hizo daño y el efecto fue el contrario. Se lo comentaba a Fidel hace poco, en Margarita. Esa campaña comenzó el día que fui a La Habana, me invitaron a dar una charla sobre Bolívar y Fidel me sorprendió, porque fue al aeropuerto y nos dimos un abrazo. Yo no esperaba ni siquiera verlo, Luis, te lo aseguro. Le contaba a Fidel una anécdota. Fue en diciembre, por estos días, el 14 de diciembre estuve en La Habana. A mí nunca me sacaban en la prensa. Pero cosa extraña, esa vez me pusieron en primera plana, a color, la foto con Fidel. ¡Primera plana en todos los periódicos! Hace poco alguien de aquí me cuenta que

Andrés Caldera, el hijo del presidente -era ministro de secretaría y era novio de Irene Sáez, una precandidata que había sido Miss Universo, era la esperanza de ellos- me cuentan que salió por los pasillos de Miraflores, con el diario en la mano y gritando: "Mira, se murió Chávez, él mismo se mató".

Un bloqueo, una imposibilidad total para saber qué siente de verdad el ciudadano común.

Claro, qué falta de capacidad para entender la realidad.
Pero yo te decía entonces que uno de los errores es que el partido nace para las elecciones y se conforma ya como un movimiento electoral, con todas las aspiraciones que tú sabes que eso trae: mucha gente que llega y se mete con aspiraciones de montarse en el portaaviones: una avalancha. Ahí vienen muchos oportunistas, muchos disfrazados, camaleones y se metieron ahí. Y muchos revolucionarios auténticos se quedaron; porque no compartieron la tesis electoral; por falta también de ellos de evaluar la oportunidad histórica que se abría. No creían. Muchos de ellos decían: "Tú no vas a sacar más del 10%; 10% te damos, máximo". Y yo les contestaba: ¿pero qué quieren ustedes? "Tú busca las armas". Una tesis armada pero irracional. Todavía algunos andan por allí escribiendo. Domingo Alberto Rangel, a quien yo estimo mucho, el viejo Domingo me enseñó mucho. Pues él anda ahora escribiendo que yo soy un traidor, un farsante, porque él lo que cree es en la lucha armada. Lo cierto es que ése es uno de los factores que explican esa falta de una dirección política amplia y sólida de la revolución, que ahora la voy a instalar porque es una necesidad y he estado haciendo esfuerzos personales, llamando gente, líderes, dirigentes. El 10 de enero, primer aniversario del gobierno según la nueva Constitución, primer año del gobierno constitucional nuevo, vamos a juramentar el comando político de la revolución, que es una necesidad...

Hubo una frase en el discurso del 17 de diciembre que me parece muy significativa: acerca de que tal vez haya que pasar por sobre amistades y afectos...

Sí.

¿Vale también para este nuevo paso?

Para esto del comando político...

Sí, para reformular una dirección.

Sí, sí es válido para eso. Aunque esa expresión no fue específicamente por eso sino más bien por la coyuntura de enfrentamiento con la oligarquía. Volviendo a aquel momento inicial: igualmente se suman muchas fuerzas y formamos el Polo Patriótico. Primero fue el Partido Comunista, luego el MAS (Movimiento al Socialismo), después de un debate muy profundo y una división, en la que Teodoro Petkoff y Pompeyo Márquez, que habían sido ministros de Caldera, renunciaron. Pero el MAS está lleno de oportunistas. Sin embargo nosotros evaluamos la necesidad de aceptar su apoyo si ellos lo decidían. Lo decidieron, sobre todo desde las bases. La presión venía desde abajo y la dirección no tuvo opción. Ellos estaban que si Salas Romer o Chávez y al final por mayoría decidieron en una asamblea. Me invitaron y fui. Salas Romer no quiso ir; él ya estaba derrotado. Recuerdo que dije en esa Asamblea, cuando acepté el apoyo de ellos: "Espero que el MAS retome sus banderas políticas y los llamo a que las retomen. Porque ellos apoyaron a Caldera y su plan neoliberal". Entonces estaban el MAS, el MEP (Movimiento Electoral del Pueblo), pequeño partido socialista, un Movimiento de Acción Agropecuaria, que surgió de algunos sectores productivos que ahora por supuesto están casi todos en contra, porque ellos pretendían que continuara la cosa como tal; venían con sus intereses. El hecho es que aquello se formó por el interés electoral. En verdad no había allí un fundamento estratégico, ideológico y profundo, un bloque de verdad de fuerzas políticas. Por esas mismas circunstancias, por esa avalancha, no se pudo organizar una dirección política estratégica de la Revolución. Eso ha sido una falla. La tercera, ya desde el punto de vista del gobierno, la revolución en funciones de gobierno no ha sido capaz de articular una estrategia comunicacional, ni hacia dentro ni hacia fuera. He llamado a esto la falla tectónica. Peligrosa esa falla. Y ahora estamos reaccionando por necesidad de esta coyuntura y hemos elevado de manera rápida la eficacia de esa política comunicacional. Ya era hora. Ahora es mucho más efectiva, como equipo. Hicimos intentos pero no, no se pudo; hasta ahora no se había podido. Bueno ahí te hablo de tres grandes fallas. Tres grandes fallas con las secuelas que tiene cada una de ellas; una serie de consecuencias.

Por ejemplo, cuando Fidel vino aquí, pasó cuatro días y recorrimos varias partes del país. Incluso yo manejando y él al lado. En un momento él lanzó una frase: "Chávez, no puedes ser al alcalde de toda Venezuela". Él se dio cuenta, porque hasta me ayudó en eso. Donde quiera que íbamos me alcanzan papelitos. Lo que tú viste: papeles, papeles, la avalancha de papeles. Y Fidel entonces me dijo "Bueno, vamos a leer". Yo manejando y él leyendo: "Aquí te escriben tal cosa; aquí te escriben tal otra"... y al final entonces dio un discurso donde dijo aquello: "Chávez, tu no puede ser el alcalde de toda Venezuela". He tenido que encargarme de las fuerzas armadas, de la política internacional, de la administración, del gobierno y de los detalles más mínimos de por allá de la alcaldía de un pueblito. Aquí han venido millones de personas a buscar soluciones a sus problemas que si hubiese un Partido bien estructurado, un movimiento social estructurado, liderazgos locales bien sólidos, eso no hubiese ocurrido. Eso está frenándose porque se está conformando ya un cuerpo de líderes regionales; ya el Partido reacciona. Pero ha sido una avalancha de cosas sobre una persona. Esto también es una falla; una falla porque no puedo atender todo eso con eficiencia; una sobrecarga de trabajo y de responsabilidades.

Ahí entonces algunas de las fallas. Ahora los logros. Mira, vamos a clasificarlos. En lo político es un gran logro que una revolución, menos de un año después de haber llegado al poder, tenga una nueva Constitución. Creo que éste es uno de los más grandes logros nuestros. Una constituyente, un debate infinito y muchos proyectos constitucionales y aquí está la Constitución. Y luego la relegitimación de poderes y el nacimiento de un nuevo Estado, una nueva república, que está ahí pujando por levantarse y fortalecerse. En lo político además creo que es un logro en tres años haber conservado el nivel de apoyo popular, que nos niega el adversario en su estrategia de manipulación, pero que en la calle, en cualquier parte, se comprueba. Yo salgo aquí a la esquina y podemos medir rápidamente el afecto, la aceptación, el respeto, el apoyo. No sólo en una concentración. Porque a veces los actos pueden engañar: viene gente que traen desde lejos, se concentran allí. No, vamos a cualquier pueblo de Venezuela, en cualquier parte, incluso en algunos sitios donde uno cree que pudiera haber una reacción contraria. Hace poco lo vimos en Barquisimeto. El gobernador venía conmigo y pasamos por un sector de clase media, y había un señor ofreciéndome desde la puerta de su casa una chicha. "¡Chávez tómate una chicha!", porque yo por radio dije que me gustaba la chicha y eso y que no tuve tiempo de tomarme una porque no se qué. Me bajo y me la tomo. Un barrio de clase media. Comienza a salir gente de las casas, de los edificios, jóvenes, estudiantes, profesionales, a plantear problemas: "estoy desempleado", "yo estoy estudiando aquí pero mira, necesito una beca", "aquí tenemos un grupo organizado de círculos bolivarianos". Es todo un logro haber conservado un apoyo popular contundente, a pesar de todas esas fallas. Darle vida a un nuevo sistema político, una democracia que está revitalizada, relegitimada con un amplio apoyo popular. Creo que un logro político. también es la consolidación, la decantación del Partido. En estos días ha habido una prueba: a lo mejor se van dos o tres personas de la Asamblea; es posible que se vayan, pero me informan que ayer hubo una reunión y el 100% de los diputados, incluso algunos de los que tenían más dudas, llegaron a la reunión a ratificar su adhesión al liderazgo y a la profundización del proceso revolucionario.

Otro logro político es la consolidación de liderazgos regionales que no teníamos, era yo solo hermano. Yo me eché al hombro figuras desconocidas, buenos hombres y mujeres pero que nadie conocía. Mira: hasta me quedé mudo. En la campaña electoral llegué sin voz a varios pueblos y no había discursos: puro saludo con las manos, con el puño. No podía hablar. Comiendo jengibre, inyectándome, para ganar las gobernaciones que ganamos. En los Andes por ejemplo, un nido de Acción Democrática de toda la vida, casi todos los jefes adecos vienen de los Andes. Sacamos de un tajo al gobernador del Táchira, de Mérida y de Trujillo, tres Estados andinos. Yo no lo quería creer la noche que ganamos las tres gobernaciones. Sacar a los adecos de los llanos, Barinas, sólo mi padre pudo hacerlo; por el nombre y porque el viejo se fajó duro. Ahí no había partidos, ahí no había cuadros; no conseguíamos a veces quiénes fueran candidatos a diputados. Y por supuesto muchas equivocaciones. Sacar a los adecos de todo lo que es el eje oriental: Nueva Esparta, Sucre, del Tamacuro, Amazonas... mira, eso fue una proeza en verdad y, modestia aparte hermano, me cargué en el hombro a todos esos hombres, a casi todos. Había algunos que tenían ya algún peso regional, pero nunca lo suficiente para enfrentarse a caudillos regionales que tenían mucho dinero y aparatos. Es gente con emisoras, con periódicos, con estructuras históricas y les arrasamos por encima. Y ahora después de estos tres años, mira tenemos un Reyes Reyes en Lara, el gobernador, tenemos el alcalde de Caracas. Para sacar al alcalde de aquí, el adeco... Ah no, con este muchacho Freddy Bernal. Ahora tenemos líderes en la Asamblea Nacional, líderes nacionales, diputados, gobernadores como el de Vargas. Antonio Rodríguez era un desconocido, militar de la guardia nacional, nadie lo conocía. Tenemos gobernadores como la negra Antonia Muñoz, allá en Portuguesa, mi papá en Barinas, el capitán Blanco la Cruz en Táchira, el otro capitán, Rojas Suárez, en Bolívar. Estados de peso, de los más grandes del país, de los más ricos. Gobernadores como Alexis Navarro en el Estado de Nueva Esparta: sacar de ahí a los adecos eso fue bueno... Tú sabes: puerto libre, mafias, narcotráfico... Ahora se está asentando un liderazgo nuevo: alcaldes como el de Barquisimeto, el de Barinas, liderazgos regionales. Hace dos años era Chávez casi solitario; ya no.

En lo económico, a pesar de que, como ya te dije, no hemos avanzado gran cosa en lo que es el proyecto de transformación, es ahora cuando a través de las leyes y su aplicación vamos a comenzar a resquebrajar un esquema económico que es como una roca. La estructura económica dominante como de acero, impuesta durante siglo y medio, dos siglos, sin embargo nosotros hemos logrado perforarla.

Hemos sacado, Luis, una economía del sótano y estamos ya, como decir, en la planta baja y en la escalera hacia un primer piso. Ya ahí están los indicadores. Ciertamente tú podrás decirme bueno, te estás quedando en lo macroeconómico. Sí. Quedémonos en lo macroeconómico. Pero ya es algo: nosotros no hemos hecho ningún acuerdo con el Fondo Monetario Internacional, no hemos aceptado ninguna imposición de ningún centro de poder económico mundial; hemos aplicado nuestras medicinas, nuestros métodos; no hemos congelado salarios, todo lo contrario; no hemos dejado de pagar la deuda interna, hemos comenzado a pagar: que si las pensiones a los viejitos, que si los incrementos a los trabajadores, deudas acumuladas hace mucho tiempo; no hemos recortado el gasto público, todo lo contrario: hemos duplicado el presupuesto de la educación, hemos duplicado el presupuesto de la salud, hemos triplicado los presupuestos de inversión en obras públicas: viviendas, carreteras, autopistas, etc.

Entonces, ahí tenemos un resultado de cómo termina el año. Ahorita tenemos un ataque especulativo contra el bolívar, que se ha disparado, ayer y hoy, de manera preocupante. Allí hay factores políticos, que están jugando, no sólo económicos. Acabo de recibir un informe ahora, del Banco Central: hoy saltó otra vez el dólar, creo que unos 8 bolívares. Pero más allá de ese factor de perturbación de los últimos días, resultado sobre todo de un plan político de esta misma oligarquía, que es la que compra dólares y se los lleva, hay una economía en crecimiento, de los más altos del continente. Y no por el petróleo. Este año el precio del petróleo como tú sabes se vino abajo y recortamos la producción en tres oportunidades. Sin embargo la construcción creció el 16%, la minería un 6%, la venta de automóviles -lo cual significa que la clase media está recuperando el poder adquisitivo- se incrementó más de un 40%; las inversiones internacionales aumentaron más del 30%; las reservas internacionales, incluyendo el ahorro del fondo de estabilización macroeconómica, están en diecinueve mil y tantos millones de dólares, muy por encima de lo que nuestra economía y su tamaño exigen. La inflación, que fue un diablo suelto aquí durante veinte años, ahora ha venido cayendo de más del 30% al 20%, y ahora 14 y tanto el segundo año, y este año terminará cerca del 13, falta sólo el dato de estos últimos tres días, pero terminará cerca de 13. Inflación, hacia abajo, de manera permanente. El equilibrio cambiario lo habíamos venido manteniendo, los últimos días se desestabilizó un poco, y estamos ya pensando en acciones. El desempleo bajó: la última medición es del 13,2% y seguro que en diciembre baja más, porque es una época en la cual hay mucho dinero en las calle, mucho empleo estacional, pero empleo, aunque sea temporal. En verdad, Caracas se ha visto congestionada de personas comprando. Mira, se acabaron los juguetes de las grandes distribuidoras: tuvieron que producir 40% más de lo que...

Leí ese dato, y no pude menos que compararlo con Argentina, donde las ventas en ese rubro cayeron el 50%.

Aquí subieron el 40%.

Y leí sobre la construcción, que aquí creció el 20%.

Casi el 20%.

En Argentina cayó alrededor del 50% en el mes de noviembre.

Un quiebre completo, un crash. Bueno, aquí se incrementó. Ayer firmamos con China un convenio histórico; otro convenio histórico con Rusia. En fin, un logro económico importante. Creo que un piso bueno para profundizar ahora, en la transformación del modelo económico, hacia lo que queremos, un modelo productivo...

Y el reparto de la renta continuará con las pautas actuales, o habrá un desplazamiento en el próximo período. Esta profundización de la revolución: ¿dará un cambio de rumbo al reparto de la renta?...

A la distribución.

Sí, la distribución de la riqueza.

Tiene que darlo. Hoy se acaba de aprobar, me informa nuestra jefa de la fracción parlamentaria, una ley que venían saboteando los partidos del *statu quo*.

Ayer no se pudo tratar.

Pues hoy se aprobó, finalmente. Es una modificación a la ley de impuestos sobre las ventas. Hace poco se aprobó el nuevo Código Orgánico Tributario que prevé incluso prisión para los evasores de impuestos. Aquí nadie pagaba impuestos; son miles de millones de dólares que evadieron nuestros sectores oligárquicos. Y ésa es una de las cosas que los tiene furibundos, porque para ponerte un ejemplo, una cadena de televisión privada de las que más venden y de las que más propaganda y actividades hacen, el año pasado declaró pérdidas por dos mil millones de bolívares. Hay inmoralidad, una absoluta inmoralidad. Ahora se ha llegado al 98% de la meta puesta para la recaudación, por primera vez; históricamente no llegaba a más del 85%. Ese es uno de los fundamentos del sistema capitalista: paga más el que más gana, y eso se distribuye: hacia la educación, hacia la salud; un fundamento del funcionamiento de la sociedad. Claro que eso no es suficiente. Tenemos que profundizar la redistribución del ingreso; no sólo el ingreso: la redistribución de la tierra, la redistribución de la educación, es parte de redistribuir el ingreso, la salud, los servicios públicos, el trabajo...

El nuevo gobierno de Argentina (de Adolfo Rodríguez Saá), que es resultado de una gran conmoción social, se conformó eliminando los ministerios de Educación y Salud. No es el caso de comentar eso; pero sí importa saber cómo se ha trabajado y cómo se piensa trabajar en temas como educación y salud en Venezuela.

Hablando de los logros, uno podría hablar de los logros políticos, económicos, internacionales, pero lo que a mí más me motiva, me alienta y me estimula son algunos logros sociales. En la educación hemos recuperado la función del Estado docente. Esto se había abandonado aquí. La tesis del neoliberalismo: se cobraba hasta en las escuelas públicas. Matrícula paga para los niños pobres, que no tenían qué comer, ni para vestirse, nada, millones de niños. El primer año, el '99 -tú sabes que aquí el año escolar termina en julio- cuando subo al gobierno estábamos en la fase final de ese año escolar '98/'99. Deserción escolar, muchos niños sin ir a la escuela...

Cuando hablamos la primera vez, justamente en septiembre del '99, estaban por ponerse en marcha las escuelas bolivarianas.

Correcto. Ya te voy a hablar de las escuelas bolivarianas. Pero en cuanto a la masificación de la educación, nosotros este año decretamos la prohibición de cobro de matrículas a las escuelas públicas, que se cobraba como si fuera normal. Tú ibas a inscribir tu niño en un colegio público, tenías que pagar. Y si no pagabas, el niño no entraba. Se prohibió. Y no fue fácil. Yo mismo tuve que ir a algunas escuelas, porque la gente venía aquí o al programa *Aló Presidente* a denunciar que estaban cobrando. En algunas ocasiones incluso se armó una pueblada y una directora de un colegio tuvo que terminar encaramada en el techo, porque el pueblo se sintió apoyado y recuperó los derechos. Yo, por cadena nacional: "No se cobra, no se cobra, no pague nadie, hay un decreto, el que cobra está violando la ley, va a ir preso, va a ser destituido". Destituimos varios. Hubo un caso de una directora -adeca- que se convirtió en chiste. Ella le decía a la gente, "Chávez manda allá, yo mando aquí, aquí pagan". Entonces cuando me llegó la información le dije al general de la casa militar: vaya mañana, se presenta usted en la escuela de parte mía. Entonces me cuentan que estaba la directora cobrando, estaba en la cola el muchacho pagando y llega el general, una boina roja, y alguien le dijo a ella: "Vea, ahí viene Chávez, ahí viene entrando el oficial y varios boinas rojas".. Se desmayó la mujer, pobrecita se cayó largo y la llevaron para un hospital. Pero más allá de los chistes, el resultado fue extraordinario: nos sobrepasó la avalancha de niños. Habíamos

hecho cálculos, más o menos aproximados, de que con estas medidas pudieran regresar a las aulas unos doscientos mil niños. Pero vinieron un millón. Es así que nos pusimos a reconstruir escuelas, aulas, el plan Bolívar, los militares pintando escuelas, metiéndole servicios, convertimos hasta cuarteles en escuelas, iglesias, curas amigos que prestaban las iglesias para dar clases: un millón de niños juntamos, una avalancha de niños. Claro, dimos una orden también por escrito de que podían entrar hasta en alpargatas, ¡porque les pedían zapatos, chico! Les pedían zapatos y pantalón largo y no que vayan como... ¡Yo a veces iba descalzo o en alpargatas rotas! Si me hubieran pedido zapatos yo no estaría ahora aquí, no habría podido estudiar ni primer grado; ni cuaderno tenía uno a veces. Empezamos a recoger cuadernos viejos, donativos, lápices, apoyo a las escuelas, fue un esfuerzo impresionante del gobierno y de la sociedad, especialmente el pueblo. En educación nosotros hemos logrado hasta ahora casi millón y medio de niños y jóvenes que han vuelto a las clases, se ha incrementado un 30% de la matrícula escolar.
Este año terminamos con más de dos mil escuelas bolivarianas, aquel plan que recordabas que comenzó en el '99. Más o menos mil por año es el plan que tenemos, siempre en función de los recursos; pero como te dije hemos duplicado el presupuesto para educación: del 3 al 6% del PBI. Con el 3% no nos alcanzaba ni para pagarles a los maestros. Las escuelas bolivarianas ocupan un 20% del universo de las escuelas, el plan es que a cinco años sean el 100% de las escuelas. Pero además hay una evaluación que me trajo el ministro hace poco, de calidad de la educación, de deserción escolar: en las escuelas bolivarianas no hay deserción... ¡Cero! Cómo va a haber deserción si lo muchachos desayunan, almuerzan, meriendan, tienen deportes, tienen computadoras, tienen internet, etc. Aulas bonitas, campos deportivos, a los maestros se les dictó un curso especial y hay psicólogos y atención médica, la comunidad organizada. Y no se va nadie de la escuela, todo lo contrario. Mucha gente de la clase media y media baja ha empezado a retirar los niños de colegios privados. Y la presión es grande hacia las escuelas bolivarianas, porque muchas escuelas bolivarianas son mejores que los colegios privados, y no pagan nada...

Ahora como tú sabes he tomado la decisión de designar un ministerio de educación superior. Héctor Navarro, el ministro hasta ahora, va a ocuparse de la educación superior; y Aristóbulo Isturi, del PPT, un maestro de escuela de toda su vida, un líder político además, va a ser el ministro de Educación, cultura y deportes...

O sea que hay dos ministerios para el área.

Sí, claro, es necesario. Además, en las escuelas técnicas hemos recuperado ya casi el 20%, y déjame decirte que hace poco fui a inaugurar una por aquí, de las más grandes del país, cerca de Caracas. Hasta no hace mucho no tenían laboratorio; eran escuelas técnicas sin laboratorios. Gracias a un crédito del gobierno español hemos traído máquinas de última tecnología que aquí no tiene casi ninguna empresa grande privada. Más bien están acudiendo ahora a las escuelas técnicas para que les hagan pruebas. Hace poco fui y me llené de felicidad porque le pregunté como a diez muchachos que estaban en el laboratorio, con las computadoras, ¿de dónde eres tú?, de Petares, de Capia. Muchachos muy pobres, utilizando tremenda maquinaria y tecnología. Uno de ellos me dice "venga acá presidente, para que vea esto" y se pone a trabajar con una pieza en la computadora: le hacen la prueba de resistencia, la voltean, le ponen el máximo peso a ver cuánto resiste, se pone roja cuando la presionan muy fuerte, entonces ya saben que hay que fortalecer más la aleación... Y esos chicos de familias pobres estudiando allí. El 20% de las escuelas técnicas recuperadas en estos dos años y pico. En resumen: en educación hay un gran logro. En las Universidades el cambio no es muy apreciable, porque aquí hay la llamada autonomía universitaria, que hay que respetarla, pero detrás de esa autonomía mal entendida se han escondido corruptelas, manipulación. Las universidades públicas se elitizaron, ahí no llega la clase pobre. Hay una corriente, que estamos impulsando, que busca la transformación, la Constituyente Universitaria. Estos muchachos que cometieron el error de tomar la facultad andaban en eso, pero le hicieron un daño, le dieron armas al enemigo para que los acusaran de talibanes, de radicales, pero hay un movimiento de renovación universitaria que hay que

seguir impulsando. Y ahora con este nuevo Ministerio -el ministro es un hombre de la universidad de toda su vida- tiene que impulsar un movimiento estudiantil transformador, un movimiento moral al nivel de los profesores. El ministro de Finanzas me decía que tenemos un problema, porque las universidades chupan mucho dinero, pero son muy ineficientes. En verdad hay que hacer una nueva ley de universidades; tenemos que estar en discusión ahora mismo, la nueva ley de Educación, y la ley que tú sabes que ha generado también un rechazo furibundo de los sectores oligárquicos y la clase alta, marchas y todo de los sectores ricos que no quieren que el Estado asuma la educación. Pero no podemos dejar la educación privada al criterio de los mercaderes. Y no va a quedar. Hay supervisores, hay un decreto 1011, muy famoso, que generó marchas, paros de estas minorías; marchas de unas cien personas, en fin, muy bien vestidos...
En la salud, ha bajado la mortalidad infantil, que estaba en 21 por mil. El año pasado estaba en diecisiete y este año debe estar más baja porque hemos hecho campañas por primera vez de vacunación masiva contra la hepatitis B. Cuba nos ha ayudado mucho, con los médicos cubanos, campañas de vacunación, la experiencia de los cubanos nos ha ayudado mucho. Hemos bajado la desnutrición infantil -son cifras del año pasado- de un 10%, sobre todo por las escuelas bolivarianas, y este año que se han duplicado las cifras tienen que haber bajado aun más. Enfermedades como el dengue: este año tuvimos un brote de dengue, lo hemos combatido y lo hemos superado.

Caracas se caracterizó en las últimas décadas por la enorme masa de excluidos. ¿Cómo están los índices en ese sentido?

Los estudios del PNUD (Programa de Naciones Unidas para el Desarrollo) reconocen que el crecimiento de la pobreza se frenó en Venezuela en 1999. Y en 2000 comenzó una tendencia a bajar que espero que este año se acentúe. Claro, el desempleo ha bajado de 18 a 13,5%, el poder adquisitivo aumentó por primera vez en tres años, como resultado de la caída de la inflación e incrementos salariales. En el primer año la inflación la bajamos un 20% y el incremento salarial fue del 20%. Por primera vez en muchos años eso se estabilizó, dejó de caer el poder adquisitivo. El segundo año la inflación bajó a 14 y el incremento fue de 20. Este año la inflación va a terminar en 13% más o menos, te dije, y el incremento si bien es cierto que fue de 10%, sin embargo hemos comenzado a pagar intereses caídos de muchos años, de fideicomisos que nunca se abrieron, de las jubilaciones, de la antigüedad, de los sueldos, el pago de pensiones, de deudas acumuladas, intereses, y eso en promedio da un incremento de ingresos superior al 15 por ciento en promedio. Es decir que si sumamos todo eso, por primera vez en veinte años, creo, los incrementos salariales y del poder adquisitivo sobrepasan en algunos puntos a la inflación. Entonces, he ahí los logros sociales de mayor relevancia que yo te puedo resumir así, Luis, en lo político, en lo económico, en lo social, en lo internacional.

Venezuela, América Latina y el mundo: el fantasma de otro pinochetazo

Salgamos un poco de Venezuela para ir a la política internacional. Una de las banderas de la revolución bolivariana es la unidad de América Latina. Qué ha pasado con aquella intención de incorporar a Venezuela al Mercosur y de unificar éste con la CAN (Comunidad Andina de Naciones). ¿Qué ocurrió en las reuniones de presidentes? ¿En qué punto estamos y qué perspectiva tiene la unidad latinoamericana?

Debemos ver esto desde varios niveles. En el nivel de presidentes, nosotros somos muchas veces incomprendidos. Y hasta saboteados. Manos invisibles se mueven, actúan. Puedo contarte la frustrada Cumbre Andina de Presidentes, acordada en Lima y realizada aquí en Caracas el año pasado. Fue propuesta por nosotros para discutir el futuro político de la integración. No se trata de hablar sólo de la economía, que es muy importante. Pero el tema que nos

interesa es sobre todo el modelo político. Porque si no, parece que estamos hablando de un gran supermercado. Eso no nos va a llevar nunca a la integración. Hubo una decisión para hacer una reunión especial, sólo para hablar de la integración política, de la gente, retomar la idea bolivariana, la integración política, y mirar un poco cómo los europeos se han venido integrando, no para copiar esa experiencia, sino para crear Pero, bueno, tú sabes. Muchas veces no se comprende. Y además uno se encuentra con labores de sabotaje, campañas de prensa...
Cuando preparábamos la cumbre empezaron a correr las versiones más increíbles. En cada país hubo versiones diferentes, que fueron creídas incluso por presidentes. En Bolivia convencieron al Presidente de que yo estaba apoyando con armas y dinero a los indígenas que se levantaron y tomaron las carreteras. ¿Qué le habrán llevado para hacerle creer eso? ¿Qué documentos, qué informes, qué pruebas falsas? En Ecuador, casi convencen al Presidente de que yo tuve que ver con la rebelión que derrocó al gobierno anterior y que yo seguía apoyando a los militares. En Colombia la tesis eterna de que yo he dado apoyo o tengo trato con la guerrilla. En Perú, que yo tenía aquí a Montesinos. Cada país un tema...

Y bien trabajado...

Muy bien trabajado, una mano invisible...

Debió ser una mano invisible de mucho poder...

De mucho poder. Yo no me atrevo a decir nada de nadie.

Seguramente.

Pero tú te imaginarás lo que yo puedo pensar sobre estas cosas. De forma tal que aquella Cumbre no salió bien, no hubo Cumbre. A ese nivel ¡qué difícil es! Sin embargo yo he notado en las últimas reuniones, y ojalá no sea sólo una expresión de deseo, que la crisis, la necesidad, obliga a pedir ayuda. Pudiera decirse que, tal vez, hay un cambio no sólo de discurso, sino de conciencia. Una nueva concepción, un estado de conciencia, de necesidad, de cambio.

Hubo una reunión en Asunción donde Venezuela pidió formalmente su incorporación al Mercosur.

Venezuela quiere ir al Mercosur. Queremos estar allí para tratar de acelerar una actividad política y social. Pero primero política: la idea de Bolívar. Miremos la experiencia de Bolívar, de la gran Colombia y la pretensión que había. ¿Por qué no pensamos nosotros en un mecanismo político de integración y un plan a veinte años, de aquí al 2021? ¿Hacia dónde vamos? Aquí nadie sabe hacia dónde vamos. A ese nivel a veces uno se siente incluso luchando contra la corriente, con algunas excepciones. A veces uno más bien se queda, para no parecer como el fastidioso del grupo.

¿Y qué ocurre a otros niveles? ¿No es posible impulsar la integración a partir de sindicatos, organizaciones juveniles, partidos, intelectuales, organizaciones sociales, representantes de la cultura?

Ese es el otro nivel, en el que nosotros también hemos tenido una falla. Claro: esto se explica porque nuestro proceso interno ha sido muy exigente, y como te expliqué faltaba experiencia política y liderazgo eficiente, que ahora es cuando está fortaleciéndose. Pero ese nivel de integración de partidos, de corrientes sindicales de movimientos revolucionarios, de corrientes culturales, de movimientos estudiantiles; por ahí hay que avanzar, mucho más por debajo. Yo decía una vez que nosotros andamos de cumbre en cumbre y los pueblos andan de abismo en abismo. Tenemos que enamorar a nuestro pueblo con la idea de la integración, si no todo esto es mentira, todo esto es un coro de bellos discursos y de aplausos y de mucho protocolo. Pero en el fondo no tenemos piso para integrarnos. Tenemos que ir abajo a zambullirnos, en eso Venezuela tiene que asumir esta nueva etapa. Y hemos comenzado. Por ejemplo, en Buenos Aires hubo una reunión anfictiónica hace pocos meses y de aquí fue una delegación importante. Y esa idea salió de aquí. En cuanto salimos de la cárcel nosotros empezamos a hacer contactos para el Congreso Anfictiónico, tomado del

Congreso de Bolívar. Entonces hicimos una reunión en Panamá. Claro: nos acusaron de que estábamos preparando un golpe de Estado. En Colombia hicimos otra reunión en Santa Marta y también nos acusaron de que andábamos preparando guerrilla... Pero ahora, con esta coyuntura, la situación se pone favorable. Lo mismo que el Foro São Paulo. Lamentablemente, apenas fueron dos representantes nuestros días atrás al Encuentro en La Habana. Por error, te digo; son errores que cometemos. Yo me enteré después y dije: no puede ser.

Venezuela despertaba interés entre los partidos presentes en el Foro de São Paulo. Hubo varias intervenciones denunciando el paro que se haría el 10 e incluso se trató de enviar una delegación especial a Caracas, cosa que finalmente no fue posible.

Un gobierno revolucionario que tiene quince gobernadores, tiene ochenta y pico de diputados, tiene ciento cuarenta alcaldes, tiene un Movimiento Bolivariano, ¡cómo va a enviar una delegación de dos personas! Mira, yo incluso estaba sacando cuentas de aparecerme allá, pero se levantó todo este barullo aquí.

No era el momento más apropiado para salir del país.

Pero el Foro de São Paulo es una instancia que hay que fortalecer, como a otras. Estamos haciendo ahora contactos bilaterales a través de la Comisión Internacional, que tiene más presencia con diversos movimientos políticos. Y desde abajo, en cada país. Tengo la fe de que ese movimiento irá presionando a las instituciones de su propio país, para que busquen otro modelo de integración. Yo he propuesto hace poco, que frente a la propuesta de ALCA levantemos la consigna de ALBA: Alianza Bolivariana de las Américas. Vamos a ver quién la toma. Mira, yo me he sorprendido en mis viajes: hay mucha fuerza dispuesta, aunque parezca que no. Llegar a Montevideo, llegar a la Asunción y observar a los jóvenes que levantan la bandera del bolivarianismo. Lo mismo en Santiago de Chile, en Lima, en todas partes ¡qué fuerza! En Colombia me han recibido... Mira, yo voy a la Quinta Bolívar y había personas jóvenes, ex guerrilleros, ancianos, estudiantes, miles de personas como en cualquier ciudad de Venezuela. Yo voy a San Juan de Puerto Rico y ahí está la masa: un reconocimiento a la revolución bolivariana. Voy a La Habana, voy a Santo Domingo, voy a San Vicente: hay movimiento popular por todas partes. El asunto está en empujar por debajo esa fuerza.

Esta fuerza existe sin duda, y existe en crecimiento. Y tiene una expectativa muy grande en lo que pueda pasar aquí, en Venezuela. Ese es otro ángulo, para mí de sobresaliente importancia, desde el que puede ser considerada la revolución bolivariana. Aunque sea en medio de la confusión, de dudas, levantándose de muy duros golpes, millones de jóvenes y no tan jóvenes latinoamericanos comienzan a girar la vista hacia Venezuela, que en los últimos tres años ha tomado un rumbo diferente y parece trazar una huella que invita a emular. Hemos vivido otros momentos donde fenómenos políticos de cambio han despertado el interés y hasta la pasión en América Latina. Un caso fue el de Chile de Allende. Y su final. La pregunta es inevitable: dadas las características de la revolución bolivariana y la ya a la vista reacción que ésta produce, ¿no se presenta la perspectiva de un nuevo Chile por delante? ¿No se perfila una frustración, una derrota?

Tú sabes que en el terreno de las probabilidades no se puede eliminar ninguna de ellas por el solo hecho de que uno no la quiera. Aquí se está tratando, yo lo decía ayer, de buscar un Pinochet, aquí se ha pensando en el magnicidio, aquí se ha pensado en el golpe de Estado, en generar el caos, la ingobernabilidad. Y el plan está en marcha. El magnicidio es una posibilidad que no hay que descartar. Fidel es uno que me ha dicho muchas veces "Van a tratar de matarte"...

Ha insistido mucho en eso, lo repite siempre.

"Que van a tratar de matarte, tú no te cuidas". Hemos incrementado nuestra seguridad, pero tú sabes mi estilo: ando en la calle y generalmente no me cuido, eso sí. Mi tendencia es andar en la calle, el contacto con la gente; estamos incrementando la seguridad especialmente después de la reacción contra la revolución. Esa es una posibilidad de lo que pudiera generar aquí no una situación como la del pos Allende en Chile: podría generar un Bogotazo, una reacción popular enardecida. Un Pinochet aquí es sumamente improbable. Ya te he comentado algunas cosas de lo que es la evolución de la Fuerza Armada venezolana, de lo que es mi relación afectiva con la gran mayoría de los militares, especialmente los que hoy son generales y los que tienen comandos de tropas.

Muchos de los muchachos de la rebelión del '92 están comandando tropas porque no se fueron; éramos muchos, no podían dar de baja a todos, el ejército hubiese quedado con un pie bastante cojo. Así que muchos de ellos comandan unidades. No va a haber aquí un Pinochet. Suponte tú que saliera un general o un grupo de generales contrario a la Revolución, que quisieran dar un golpe tipo Pinochet: no van a poder. Pudieran contar con alguna fuerza pequeña, pero la gran mayoría de esos oficiales -estos muchachos subtenientes, aquellos comandantes de tropas- yo estoy seguro que no van. No van a seguir órdenes de ese tipo. Y ésa es una de las cosas que neutraliza cualquier intento de alguien que pudiera estar pensándolo: "¿Me van a obedecer los subalternos contra Chávez? ¿A quién obedecerán?". Porque, tristemente, Allende no tenía ejército.

Yo tengo por ahí un libro, no recuerdo de quién es -el título es *La revolución desarmada.* Allende era una especie de Savonarola, aquel profeta desarmado de la Florencia de los Médici que terminó colgado. Yo lo he dicho siempre: no soy Savonarola, no soy un profeta desarmado, no soy profeta, tampoco estoy desarmado. Esta revolución tiene armas. Lo he repetido en estos últimos tiempos. Esta revolución tiene fusiles y tanques y aviones. Y hombres dispuestos a usarlos, en caso de necesidad para defenderla.

Así que cualquier intento de golpe de Estado aquí, de un Pinochetazo, lo que podría generar es una radicalización de la revolución, por esa vía. Por eso es que en la oligarquía quienes están tratando de promover eso tienen que pensarlo. Yo sé que lo están pensando muchísimo. Ellos sacan sus cuentas: "Qué pasa allá abajo, qué pasa con los comandantes y los coroneles y los tenientes y los capitanes, qué pasa en el generalato y el almirantazgo". Incluso algunos que pudieran haber estado en una posición llamada muy institucional, muy de reserva ante el proceso, se han sumado a este proceso. Y tú los ves ahora participando de manera impresionante en el proceso. No digamos, porque no es la idea, que la fuerza armada se transforme en un partido político, ni que los militares anden por allí declarando juramento a la revolución. No; ni se los voy a pedir ni es la idea. Sólo la actitud de participar, por ejemplo, en el proceso social.

Es impresionante cómo vimos a la Guardia Nacional, que es una fuerza muy trabajada por el enemigo. Los trabajaron diciéndoles que yo los iba a eliminar, que soy el enemigo de la Guardia Nacional. Ahora esa fuerza está volcada a este proceso: en las calles cuidando el orden público, en los campos.

Te voy a contar ahora lo que hicimos hace unos días en Cacaraparo, al Sur, en el Apure: la Guardia Nacional con los indígenas, sembrando, trabajando, haciendo viviendas con ellos, sumados al proceso. Ayer nada más me trajeron los muchachos de la Armada, el comandante de la Armada, más de veinte proyectos de participación en el Proceso económico y social. Un plan que ellos inventaron: "Pescar 2000". El "Bolívar 2000" ha dado pie a inventivas que yo me quedé asombrado. "¿Pescar 2000, qué es eso?", pregunté. "Bueno, los pescadores artesanales organizados por capitanes de navío"; y ahora no es extraño que tú veas cien pescadores artesanales y al lado una patrulla de la Armada. O los militares con los campesinos en los repartos de tierra.

Hace poco por allá en el Estado de Zulia íbamos a hacer un reparto de tierras y unos ganaderos se armaron, con escopetas y revólveres. Entonces me cuentan que dijeron públicamente: "Vamos a echar a tiros a estos campesinos que nos van a invadir las tierras". Y fueron, para sacarlos a tiros como muchas veces lo hicieron. Y cuando llegan al sitio detrás de un bosque, resulta que estaba un general con unos soldados ayudando a la demarcación con los campesinos. Y bueno, "Vámonos de aquí, está el ejército". Podría contarte muchos casos como éste: en la atención de salud, en la construcción de viviendas para los pobres. Entonces si tú me pones entre cero y cien, se acerca a cero la probabilidad de que aquí haya un Pinochet, o haya un pinochetazo. Si alguien tratara de hacerlo, no va a ocurrir lo que pasó en Chile. No va a ocurrir que toda la institución militar fue y aplastó al movimiento popular y el presidente Allende terminó muerto. No, aquí si alguien trata de hacerlo y logra alzar una unidad, o varias unidades militares, la Fuerza Armada, buena parte de ella, va a reaccionar. Ya ocurrió, sin que nadie lo supiera, ni yo siquiera, cuando antes de las elecciones un general mandó poner unos tacos de dinamita bajo unos puentes estratégicos para parar los tanques que debían llegar a Caracas, el día de las elecciones, porque había un plan de golpe de Estado. Hoy muchos comandantes de tropa cuando me dan la mano me dicen: "Contigo, patria o muerte". La mayoría de ellos, la gran mayoría, tienen esa posición. Entonces aquí, desde ese punto de vista, es imposible que se repita lo que ocurrió en Chile en septiembre del '73.

Si se da por seguro que esto es efectivamente así, entonces quedan otras vías de acción. Porque si una revolución se pone a plena marcha y empieza a recoger frutos, Venezuela sería un ejemplo peligroso para América Latina. Cuando se mira en torno, no caben mayores dudas de eso. De manera que es difícil pensar que desde fuera de Venezuela no se intente contribuir también con una política destinada a frustrar el proceso en curso. Hemos analizado y escrito mucho respecto del Plan Colombia, así como de lo que llamamos la militarización de la política en América Latina, la proliferación de bases militares y de maniobras militares conjuntas. ¿Hay en la perspectiva del gobierno venezolano, en la mirada estratégica de sus proyectos, un punto que atienda a esa posibilidad por lo menos?

Sí, claro, tú sabes que ha habido reacciones adversas a este proceso desde antes de llegar nosotros al gobierno. Siendo candidato se me negó la visa para entrar a Estados Unidos. Yo la pedí porque me invitaron a un programa de televisión que se veía mucho en el continente dirigido por un peruano, desde Miami. Invitaron a todos

los candidatos y a mí también, no tenía por qué no ir. Así que pedí la visa y se me negó, porque, claro, yo estaba en una lista de golpistas allá en Washington. Sin embargo luego de las elecciones -al día siguiente- el embajador, *motus* propio, pidió audiencia y me llevó la visa, en un gesto de acercamiento que yo no deseché, por supuesto: no tenemos nosotros ninguna intención, ya lo he dicho, de dañar esa relación. Con Estados Unidos tenemos una relación histórica: como proveedores de petróleo, le vendemos millón y medio de barriles diarios, tenemos allá siete grandes refinerías, catorce mil estaciones de combustible en Estados Unidos distribuyen combustible del petróleo venezolano y tienen bandera venezolana. Aquí hay inversionistas estadounidenses desde hace mucho tiempo, empresas petroleras, empresas mineras, de servicios, vehículos.
Sin embargo desde el punto de vista político, se han generado algunos roces. El último bastante duro, pues retiraron al embajador por varios días por nuestra posición en torno a la lucha contra el terrorismo. Pero ya antes hubo diferencias, como por ejemplo la solicitud de sobrevuelo sobre nuestro territorio para perseguir aviones sospechosos de narcotráfico y otros temas más. Sin embargo todos se han venido resolviendo de la mejor manera posible. Pero hay en verdad diferencias. No queremos creer que por esas diferencias el gobierno de Estados Unidos vaya a estar alentando aquí algún movimiento contrario a nosotros. No lo aceptaríamos por supuesto, si es que tuviéramos alguna prueba. No creemos que tengan ningún plan tipo Panamá. Venezuela no es Panamá. Venezuela no es Haití, Venezuela es otra cosa. Sin embargo, desde el punto de vista de nuestra política internacional hemos venido, por una parte, cuidando la relación con Washington pero al mismo tiempo creando y profundizando relaciones con otros países grandes del mundo, que hoy en día nos dan su apoyo, no sólo en inversiones, sino su apoyo político.
Este año por ejemplo, aquí vino Jiang Zemin. Por primera vez vino un presidente chino a Venezuela, y declaró que Venezuela es un aliado estratégico de China. Acaba de venir el Primer Ministro ruso. También estamos construyendo una alianza estratégica con Rusia, la tenemos con China, la tenemos con Francia, unas muy buenas relaciones con el gobierno español, unas muy buenas

relaciones con Canadá, muy buenas con México, extraordinariamente buenas con Brasil. Y estos son factores de equilibrio que han ayudado a mantener esas relaciones incluso con Washington. Además, después de estos tres años ya se pueden constatar nuestros logros en política internacional. Tú puedes decir perfectamente que Venezuela no es un país aislado. Además de lo que te he reseñado estamos presidiendo ahora el Grupo de los 77, estamos presidiendo el Grupo de los 15, presidiendo la conferencia de la OPEP (Organización de Países Exportadores de Petróleo). Digamos que tenemos importantes aliados en el mundo. Creemos, así como han ayudado en otras circunstancias, van a ayudar en el futuro ante cualquier conflicto que pudiera presentarse, ante cualquier amenaza de sectores que pudieran estar alentando o apoyando salidas violentas en Venezuela. Pudiera ser que algunos sectores -políticos, económicos- que tengan intereses aquí, desde Washington pudieran estar pensando en alentar aquí cualquier salida. Eso no hay que desecharlo.
En todo caso, pues, andamos moviéndonos con mucho cuidado en el ámbito internacional, con la visión de un mundo pluripolar, pero lo que tú me preguntas es parte de nuestra batalla, parte de nuestro mapa estratégico: cómo neutralizar cualquier pretensión de ese tipo es parte de nuestra acción internacional.

El cambio de la ubicación de Venezuela en el concierto político mundial en los últimos tres años, parece estar muy ligado a la reactivación de la OPEP. Venezuela ha tenido un papel crucial en ese renacimiento. Y desde luego los efectos que ha tenido esa reactivación golpean nada más y nada menos que al corazón del lucro de las grandes economías del mundo. Se puede suponer que esto debe generar un conjunto de presiones muy diverso y muy intenso. Si no es por la vía de la subversión de las FF.AA., si no es por la vía de una coacción incluso militar desde fuera de Venezuela... ¿Será que hay una manera de detener este proceso a través de esas presiones por parte de los grandes intereses económicos a escala mundial? ¿Qué medidas ha tomado, o va a tomar el gobierno?

En el caso de la OPEP en verdad nuestra función ha sido

importante, como tú dices. Desde el mismo inicio del gobierno, antes de asumir. Y luego los contactos personales, la cumbre aquí de Caracas, el último viaje que hicimos por algunos países de la OPEP. La decisión que hoy se tomó es muy importante: el recorte de dos millones de barriles diarios, cuando las presiones apuntaban a que no se recortara nada. Pero sin embargo fíjate, nosotros en verdad hemos colocado, hemos posicionado una situación de equilibrio que creo ha comenzado a ser desde hace cierto tiempo entendida por el mundo desarrollado.

El mismo Clinton dijo en una ocasión "Me gusta la banda", porque desde Venezuela surgió la idea aquella de la banda de precios: entre veintidós y veintiocho dólares. No fue fácil que la OPEP llegara a ese acuerdo. Yo me he dado a la tarea de conversar con casi todos los jefes de Estado de los países más desarrollados, es decir Inglaterra, Alemania, Francia, España, Canadá, Estados Unidos... hasta donde hemos podido. En París tuve una reunión como de cuatro horas con todos los representantes de la famosa Agencia Internacional de Energía, que representa los intereses de los grandes países consumidores. Y al final de esa conversación yo noté una aprobación de la posición de Venezuela. Lo mismo me decían (Anthony) Blair, (Jacques) Chirac. Al final han entendido nuestra posición, que es la de la OPEP, no es sólo de Venezuela. Creemos en un precio justo y equilibrado y ellos lo han entendido porque les hemos llevado gráficos históricos. Generalmente a las grandes caídas las siguen los saltos hacia arriba, que llenan a todos de incertidumbre. Y la economía mundial ha demostrado ya que un precio entre veintidós y veintiocho dólares es perfectamente asimilable. No es ésa la causa de la recesión mundial y la mayoría de ellos lo ha entendido. Me reuní en la Unión Europea con la secretaria de Energía, una española que fue muy crítica de estas posiciones, hasta acusar incluso a Venezuela y a la OPEP de estar haciendo manejos oligopólicos del mercado, para influir en los precios y violando las normas de la OMC (Organización Mundial del Comercio). Eso no prosperó, no consiguió apoyo. En Estados Unidos, por ejemplo, hemos recibido críticas por esa acción estratégica de recuperar la OPEP y el precio del petróleo. Pero yo he recibido aquí mismo a diputados y senadores de Estados Unidos, representantes de los Estados petroleros, que aplauden. A las grandes transnacionales del petróleo no les conviene un precio a diez dólares porque ellos también son afectados. Entonces ven que el juego es del equilibrio y ya a estas alturas yo estoy convencido de que los grandes países no nos ven como una amenaza. Al contrario, la mayoría ha entendido que el liderazgo de Venezuela en la OPEP es útil al mundo, porque ha logrardo posicionar allí la idea del equilibrio. Había otros países de la OPEP que planteaban hace dos años cerrar las válvulas y buscar un precio de cuarenta dólares. Eso sí puede dañar la economía mundial, no sólo de los grandes países; también de los pequeños países, los que no tienen nada de petróleo, los países subdesarrollados. Sabes que hemos hecho el acuerdo energético de Caracas, muy criticado aquí por nuestra oposición: que estamos regalando petróleo, que estamos atentando contra el país... Hemos firmado ya acuerdos con trece países, incluyendo Paraguay. Ya no está reducido al Caribe. Hasta Paraguay se ha incorporado a este acuerdo de una venta de petróleo a precio diferencial, que pasa a ser una deuda: dos años de gracia, dos por ciento de interés, la pueden pagar con bienes y servicios, como Cuba ya lo comenzó a hacer. Hemos incorporado a Cuba, por supuesto. En el acuerdo no tenemos ninguna limitación en ese sentido. Pero también están Dominicana, Jamaica, Haití, El Salvador, Guatemala, Panamá, etcétera. Estoy convencido de que nosotros no somos una amenaza dentro del seno de la OPEP. Todo lo contrario: se ha asumido eso como una posición necesaria en la búsqueda de un equilibrio.

Otro aspecto fundamental de la reubicación de Venezuela en el plano internacional ha sido la participación -tal vez menos decisiva que en la reactivación de la OPEP pero de pareja significación- en la reaparición del Grupo de los 77 en el escenario planetario, que ahora será presidido por Venezuela. ¿Qué significa esto desde el punto de vista de la estrategia global del gobierno venezolano? ¿Se está observando una reaparición de aquello que en su momento se llamó el Tercer Mundo y la correspondiente idea una tercera posición o hay algún otro tipo de estrategia detrás de este movimiento táctico, que ha tenido un impacto muy grande, aunque muchos no lo hayan observado?

Allí lo que se está presenciando, a nivel mundial, que hay una mutación, que el mundo se está moviendo. Yo creo que hay un resurgimiento de aquel sentimiento del Tercer Mundo, de los países pobres, subdesarrollados. Y uno lo puede observar, por ejemplo, en la cumbre de Yakarta, el Grupo de los 15 donde asumimos la presidencia, estamos trabajando muy intensamente rumbo a la cumbre del G15 aquí en Caracas el próximo mes de julio y sobre todo estoy trabajando personalmente para invitar y lograr que vengan los líderes latinoamericanos que se ausentaron durante muchos años. El G15 se reunió apenas llegado yo a la presidencia, en el '99; fue aquí mismo en Jamaica. Y el único presidente de América Latina que asistió fui yo, estando los demás tan cerca. A El Cairo no pude ir porque estábamos aquí en elecciones. Fui a Yakarta: igual, no fue ningún otro presidente de América Latina. Ahora nosotros presidimos ese bloque y he estado hablando mucho con (Fernando Henrique) Cardoso, (Ricardo) Lagos, Vicente Fox, (Andrés) Pastrana. Los hemos llamado para decirles: bueno, vamos a trabajar. Y han respondido muy bien. Incluso yo pedí una especie de poder especial en Yakarta, y se me dio, para constituir una comisión especial de seguimiento, de reactivación del G15. Y esa comisión tiene una labor muy intensa. Mandé delegados a todos los países, con una carta, con una propuesta aprobada en la reunión de cancilleres en Nueva York y estamos trabajando en eso pues, rumbo a la cumbre. Propuse que el tema de la cumbre del G15 aquí en Caracas sea la energía y el desarrollo. En cuanto al otro grupo que tú mencionabas, el G77, uno siente que es como una nueva oleada de reactivación. Pero pasó lo mismo en la reunión de La Habana, el año pasado. Allá el único presidente latinoamericano presente, además de Fidel, fui yo. Sin embargo hemos estado haciendo reuniones. el presidente de Nigeria, que es el presidente de la Conferencia, me invitó a ser parte de un equipo de evaluación del G77, eso fue en Yakarta. Asistí a la reunión, no fue muy feliz la reunión pero de ahí salimos con la disposición de continuar trabajando. Es un buen grupo. La idea es reactivar el diálogo del Mercosur y la cooperación Sur-Sur, así lo hemos planteado. En la última reunión, en Nueva York, Venezuela fue electa por aclamación, no hubo oposición, se aceptó inmediatamente a Venezuela para la presidencia de la G77 por un año. Nosotros estamos haciendo ya planes. Tengo ya en la agenda ir a Nueva York, esto nunca se ha hecho. Siempre se transfiere la presidencia de año en año pero desde lejos. Yo quiero ir a Nueva York a reunirme con todos los embajadores del G77 y asumir la presidencia allá, en Naciones Unidas, y además lanzar un plan de acción para tratar de acelerar los trabajos, orientados en esa dirección: la cooperación Sur-Sur, elevar la conciencia del Sur y además, claro, trabajar con el Norte. He hecho el esfuerzo de conversar con algunos jefes de Estado del G8 para pedirles que nos oigan pues, que haya un diálogo, que haya un acercamiento, que haya mayor comprensión a nuestros problemas. Así fue que conversé con Berlusconi, que era el presidente del G8 hasta diciembre, hasta ahorita. Y él aceptó de buena manera la idea, también Chirac: una reunión G8-G15. Estuve conversando con Jean Chrétien en Canadá, hace poco. Y le propuse la misma idea. Él asume ahora en enero la presidencia del G8. Me prometió visitar Venezuela, como presidente del G8, para trabajar esa reunión G8-G15. Incluso les planteé la idea de que como la reunión del G8 es en junio y también la del G15 es por esa fecha, haya antes una reunión de coordinación para tratar algunos temas. Y déjame decirte que especialmente después del 11 de septiembre, he notado -en esta última gira por Europa sobre todo- una mayor comprensión de los problemas del Sur. Oí por ejemplo a Tony Blair decirme allá en Londres que él estaba de acuerdo, que la lucha contra el terrorismo tenía que ir mucho más allá de Afganistán y que era necesario hacer una alianza para luchar contra las causas de la violencia en el mundo, contra la pobreza. Yo no tengo por qué pensar que aquel hombre me está diciendo una mentira, creo que es producto de una conciencia. Yo mismo oí a Chirac decir lo mismo...

No obstante Blair fue un aliado sólido de la política estadounidense, tanto para el ataque a Afganistán, como para las posibles derivaciones. ¿Será que está cambiando esa posición?

No, yo no creo. Porque tú sabes que ha sido una posición histórica de Inglaterra su alianza con Estados Unidos; se vio en Argentina con las Malvinas; es una línea histórica. Difícil que vaya a cambiar eso. Sólo me refiero al grado de conciencia que percibí en aquel líder. Respecto de su apoyo irrestricto a la acción contra Afganistán, de eso no hablamos, ni estuvo en cuestión. Sólo oírle agregar una reflexión de que era el momento de hacer una alianza mundial para luchar contra las causas de la violencia, contra las causas de la pobreza, la miseria. Y le dije: estoy de acuerdo, por supuesto, y ojalá podamos conversar esto con mayor profundidad y ojalá podamos activar un plan de acción o al menos cumplir en parte el plan de acción que ya existe.
En la Cumbre del Milenio se aprobó un plan de acción, una lista interminable de buenos deseos, pero que uno no siente que hay una voluntad política de los países grandes sobre todo de aportar mayores esfuerzos, financiamiento para el desarrollo... Todo lo contrario. Me decía por ejemplo el presidente de la FAO (Organización Mundial de la Alimentación) que mientras crece el hambre en el mundo ha disminuido notablemente el apoyo de los países grandes a la producción de alimentos. Entonces, las acciones que se están tomando no se corresponden con la realidad. Pero lo que te quería decir es que yo siento que después del 11 de septiembre es posible que en los líderes de los países poderosos de la tierra se incremente o surja algún grado de conciencia mayor en torno a las necesidades de ese diálogo Norte-Sur, porque yo te repito: el mundo como va no es viable; el mundo como está, va directo a una gran catástrofe universal: ecológica, social, política. Lo de Argentina en estos días no es Argentina. Es hoy Argentina, mañana equis, mañana ye, mañana zeta. Si el país, o si el mundo sigue dividiéndose cada día más, si se sigue incrementando esa brecha entre una minoría privilegiada que vive en la cima del modo de vida, de la calidad de vida, mientras cada día hay más pobres, más miserables, algún día, pienso, tendrán que hacer un gran muro en el ecuador en torno a la tierra para dividir, para que nadie pueda ir al Norte desde el Sur. Porque lo que va a ir para allá es violencia, es muchas veces odio, y muchas veces movimientos como estos movimientos antiglobalizadores, por

ejemplo, que es impresionante la fuerza que han tomado. Eso hay que mirarlo con atención, yo no creo que la solución sea lo que hicieron en Canadá, cuando nos reunimos allá los presidentes de las Américas, sin Fidel, menos Fidel; un muro de cemento para contener, a fuerza de gas lacrimógeno y represión, a veinte mil hombres y mujeres, sobre todo jóvenes de todo el mundo. No creo que la solución sea la de Génova: sacar policías y tanques y hasta un muerto hubo allá. No creo que la solución sea que el G8 se reúna en un trasatlántico, en un submarino, pues ya no sé dónde, para no oír al mundo... yo creo que esto tienen que oírlo, tenemos que oírnos todos si es que queremos que el mundo de los nietos, el mundo de los bisnietos, de los nietos de los nietos, sea viable. Mi abuela Rosa Inés, que en paz descanse, que me crió, cuando yo era niño me echaba muchos cuentos por allá en un caserío donde nacimos. Cuando se cortaba la electricidad prendía la lamparita de querosén y hablaba de la profecía de que "el mundo se acabará en el 2000 y más", decía ella. Así que yo tenía cierto temor desde niño por el 2000. Sobre todo el 31 de diciembre del '99 yo la recordé mucho, porque ella hablaba del 2000 y más. Pensé: estamos llegando al 2000 y más, abuela. Creo que la abuela tenía razón: si seguimos como vamos el mundo se va a acabar, el mundo no va a ser vivible para la gran mayoría, ni siquiera para los privilegiados, claro, ni siquiera para los privilegiados porque no hay...

No hay paz para nadie. El 11 de septiembre lo mostró Pero Estados Unidos no parece haber reflexionado en el sentido en que lo habrían hecho algunos líderes europeos. ¿Qué destino hay en el mundo si la potencia principal decide luchar contra el terrorismo con estos métodos, que ostensiblemente superan incluso en pérdidas de vidas humanas y en destrucción material, el salvajismo de lo ocurrido el 11 de septiembre? ¿Puede Estados Unidos continuar con eso?

Mira, para no ser pesimistas y para no creer que el siglo que comienza va a ser otro más de bombardeos y de guerras mundiales y de terrorismo y de muerte, uno puede pensar que no. Pienso que la reacción inicial de Estados Unidos es como la del gigante herido en su dignidad, lo que ellos consideran pues...

Una inmensa humillación.

... humillados en su propia casa, en el centro del poder. Sí, es como alguien a quien se le metan en su casa y... una cosa así, horrorosa. Y sale como un energúmeno, con un revólver a buscar al agresor y a lo mejor agarra al primero que encuentra, desaforado. Uno pudiera pensar de esa manera: que hay una reacción de dolor, de indignación, de deseos de venganza. Pero cabe pensar también que la acción de los líderes del mundo puede ir conformándose de manera más meditada. Que la misma reacción de sectores de Estados Unidos, de diversos sectores académicos, intelectuales, corrientes políticas, culturales, movimientos sociales... pues podría ir transformando esa acción en otro tipo de conducta. Otro tipo de acción buscada a través del diálogo (aquí hicimos un evento muy bueno, el Diálogo de las Civilizaciones, en octubre, pocos días después del 11 de septiembre) y que el camino no sea caernos a tiros y a bombas para luchar contra el terrorismo. Yo tengo muchas esperanzas de que este siglo tome el camino del diálogo y de la búsqueda y creo que hay muchos movimientos con esos objetivos en el mundo. Así como hemos hablado de estos movimientos en América Latina, pues tú los ves también en Asia, en Europa, en Norteamérica. Movimientos alternativos, de gente que ya está pensando.

Sin duda. Aunque en un primer momento de espanto el efecto de los atentados terroristas contra Estados Unidos pueda haber sido una retracción del movimiento juvenil antiglobalización neoliberal, es seguro que la reflexión se impondrá, probablemente con un nivel mayor de oposición tanto a las políticas que generan pobreza como a la violencia para afrontar las consecuencias. Uno puede ser optimista en ese punto.
Seguro. En algún momento te comentaba la ponencia de Ignacio Ramonet en la Sorbona, cuando estuve allí. Explicó que la globalización está entrando en otra etapa y la dividió en varias.

La primera de ellas es la comprensión de lo que significaba. Él dice que el mundo tardó desde 1989 hasta ahora en comprender el fenómeno de la globalización y entender que es nefasto. Ahora el mundo está entrando, dice Ramonet, en la segunda etapa, la de protesta. Y que habrá que entrar rápido en otra etapa: la de la propuesta alternativa. Pero dice que ha visto que Venezuela no está encasillada en esas etapas, sino que va un paso adelante: comenzó la etapa de la protesta muy temprano; ya en 1992 estábamos aquí en protesta. Yo le he agregado algunas cosas a esa tesis: en el '89 caía el muro de Berlín y aquí se sublevó el pueblo. Y ésa es una constante en la historia de Venezuela. El primer movimiento fuerte revolucionario contra España, que logró tomar el poder y comenzó una guerra de liberación que luego extendió al Sur, fue en Venezuela. Ya en 1801, 1802, andaba Miranda cruzando el Atlántico, buscando hombres y armas para empujar la revolución de Hispanoamérica y empezó por aquí, por las costas de Venezuela. Ahora pareciera que se repite el fenómeno...

Ocurrió aquí también en torno de una cuestión que interesa particularmente en este momento: a propósito de la deuda externa y de la imposibilidad y negativa de pagarla y el intento de invadir al país que aquella decisión provocó. Aquella fue una actitud de vanguardia en América Latina. Y se da el caso que en Argentina surgió lo que para hoy es una bandera vigente: la doctrina Drago.

Hace cien años... Cipriano Castro. Acabo de pedir un estudio histórico, un resumen del año 1902: son cien años del bloqueo a Venezuela. Vamos a reivindicar aquello, este año que viene; y a Cipriano Castro, muy maltratado por la oligarquía y que al final lo echaron también. Rompió filas, rompió la marcha. Ya ves, como dice Ramonet en relación con el neoliberalismo, Venezuela comenzó muy temprano, no tardó ni un año en entrar a la protesta. El pueblo caraqueño y luego las corrientes militares bolivarianas unidas del pueblo. Y según esa visión expuesta por Ramonet en la Sorbona, aquí estamos ahora ya en marcha a la fase de la propuesta alternativa, mientras el mundo está comenzando apenas la etapa de la protesta.

Es lo que está pasando en Argentina: está en la etapa de la protesta, ahora de manera abierta, contra el modelo neoliberal. Habría que desarrollar esa tesis: cómo se va a articular la respuesta en esta nueva etapa.

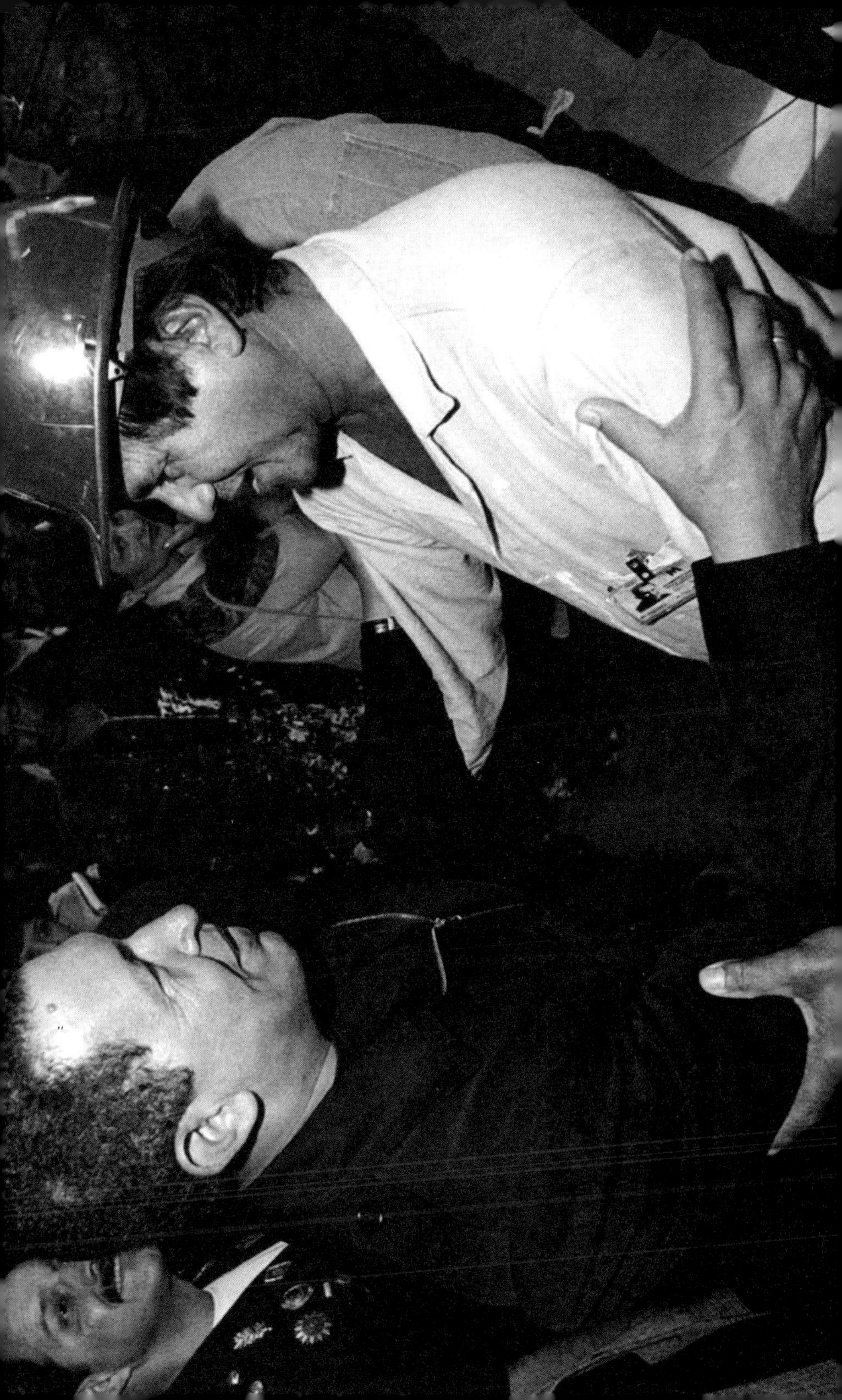

Organización de masas

Un cuadernillo editado por el Comando Supremo Revolucionario Bolivariano distribuido por decenas de millares, expone de manera didáctica una instancia organizativa de masas, tendiente a dar unidad social y política a millones de personas. He aquí los puntos salientes:

Los círculos bolivarianos constituyen el sistema de organización básica del pueblo de Bolívar para activar y dirigir la participación de los individuos y comunidades en el proceso revolucionario con la finalidad de construir la sociedad y la nación libre, independiente y próspera que soñó el Padre de la Patria.
Los círculos bolivarianos pueden establecerse en cada calle, barrio, caserío, pueblo, ciudad de Venezuela y en cualquier ministerio, institución, universidad, escuela, organismo o empresa pública o privada.
Principios ideológicos:
La ideología de los Círculos Bolivarianos se inspira en el pensamiento y la acción del Libertador Simón Bolívar, de su maestro Simón Rodríguez y de Ezequiel Zamora, General del Pueblo Soberano, y en las tradiciones revolucionarias del pueblo venezolano, a partir de las acciones de rebeldía y resistencia anti-colonial de nuestros pueblos indígenas y esclavos, las gestas precursoras y de la Gloriosa Guerra de la Independencia. Asimismo, se asumen como patrimonio ideológico la experiencia práctica y teórica de las luchas emancipatorias de todos nuestros pueblos hermanos de América Latina y el Caribe y los movimientos sociales por la equidad, el bienestar, riqueza de la vida, ambiente sano, fraternidad, libertad y autodeterminación de todos los pueblos, comunidades e individuos del mundo.
Tareas fundamentales:
Elevar la conciencia ciudadana.
Alcanzar una sólida formación política e ideológica para cada uno de sus miembros.
Defender la Revolución Bolivariana para mantener y consolidar sus valores.

Proteger los intereses legítimos de su comunidad y luchar por el logro de sus más bellas y más altas aspiraciones.
Liderar e impulsar la organización, la unión y cohesión social hacia la participación democrática y protagónica, la eficiencia, eficacia y productividad.
Impulsar diversas formas participativas, asociativas, para activar la producción y la realización de obras de interés social comunitario en salud, educación, cultura, deporte, servicios públicos, vivienda, preservación del ambiente, de los recursos naturales y patrimonio histórico.
Estimular la creatividad e innovación en la vida individual y comunitaria.
Promover en la práctica las cualidades de una vida sana, austera, sencilla, armoniosa, ejercitando el desarrollo físico, mental, espiritual, la sensibilidad perceptiva, el desempeño inteligente.
Desarrollar un combate permanente por un consumo crítico ajustado a las necesidades reales del ser humano, que respondan auténticamente al más alto sentido de calidad de vida contra el consumismo de prestigio enajenante.
La base de la acción de los Círculos Bolivarianos se apoya en la Constitución de la República Bolivariana de Venezuela.
Los Círculos Bolivarianos cuidarán celosamente que sus filas no sean penetradas por oportunistas, buscadores de puestos, escaladores, aprovechadores, trepadores de oficio, corruptos, deshonestos, mentirosos, chismosos, intrigantes, vagos y delincuentes.

La ley de la discordia

Publicado en folletos, pequeños libros y como suplemento de un diario de gran tirada, el Proyecto de Reforma Agraria es uno de los pasos que las cámaras empresarias no quieren permitir. Chávez y el MVR han instado a los campesinos a reunirse en familia y con vecinos para estudiar y debatir el texto. El espíritu de la ley se trasunta en el artículo 2, que reza como sigue:
"Con el objeto de establecer las bases del desarrollo rural sustentable, a los efectos de este Decreto Ley, queda afectado el uso de todas las tierras públicas y privadas con vocación para la producción agroalimentaria. Dicha afectación queda sujeta al siguiente régimen:

1. Tierras pertenecientes al Instituto Nacional de Tierras:
Serán sometidas a un patrón de parcelamiento atendiendo a un conjunto de factores determinantes tales como: a) Plan Nacional de Producción Agroalimentaria; b) Capacidad de trabajo del usuario; c) Densidad de la población local apta para el trabajo agrario; d) Condiciones agrológicas de la tierra; e) Rubros preferenciales de producción; f) Extensión general de tierras existentes en la zona sujeta a patrón de parcelamiento; g) Áreas de reserva y protección de recursos naturales necesarias en la zona; h) Condiciones de infraestructura existente; i) Riesgos previsibles en la zona; j) Los demás parámetros técnicos de establecimiento de patrones de parcelamiento que se desarrollen en el Reglamento del presente Decreto Ley y en otros instrumentos normativos.

2. Tierras propiedad de la República del dominio privado:
Quedan sujetas al mismo régimen establecido para las tierras propiedad del Instituto Nacional de Tierras.

3. Tierras baldías:
Serán objeto de planes especiales de desarrollo socioeconómico dentro de un esquema efectivo de producción, garantizando la biodiversidad de los recursos existentes.

4. Tierras baldías en jurisdicción de los Estados y Municipios:
Su administración por parte de los entes correspondientes, queda sometida al régimen de este Decreto Ley. Corresponde a los Estados y Municipios el establecimiento de la seguridad agroalimentaria de su respectiva jurisdicción en coordinación con los planes nacionales. A los efectos de planificar el uso de las tierras cuya administración les corresponda, se tomarán como base las necesidades agroalimentarias de los centros urbanos cercanos, considerando su población actual y la necesidad progresiva de sustento de las generaciones futuras. En la elaboración de dichos planes, los Estados y los Municipios asegurarán la producción básica de los rubros alimenticios fundamentales. (…)

5. Tierras privadas:
Quedan sujetas al cumplimiento de la función social de la seguridad agroalimentaria de la Nación. En tal sentido, deben someter su actividad a las necesidades de producción de rubros alimentarios de acuerdo con los planes de seguridad agroalimentaria establecidos por el Ejecutivo Nacional".

Con la espada de Simón Bolivar, Hugo Chávez
y el Presidente de Cuba, Fidel Castro.

Con el ex presidente de Estados Unidos, George Bush

Con el presidente de Francia, Jacques Chirac

Con el emperador de Japón, Aki

Con el Secretario General de las Naciones Unidas, Koffi Anr

Con el Papa Juan Pablo II

Con el presidente de Rusia, Vladimir Putin

Andrés Pastrana, Fernando Henrique Cardoso, Hugo Chávez

Fernando Henrique Cardoso, Hugo Chávez, Fidel Castro

Indice

Se terminó de imprimir en el mes de octubre de 2006
en los Talleres Gráficos Nuevo Offset
Viel 1444, Capital Federal

(Opcional con *Le Monde diplomatique*)
Distribuye en Capital Federal y GBA: Vaccaro Sánchez y Cía. S.A.
Distribuye en interior y exterior: D.I.S.A.